汲古選書 36

宋代庶民の女たち

柳田節子 著

まえがき

仁井田陞氏は中国革命前夜の女性に関する旧諺として、

「子なきは去る」、子とは男子のことで、女は子の中に入らない。女の子を十人生んだとて、一人の男子も生まない婦人は離婚されてもやむを得ない。

「うどんはめしではない、女は人ではない」。

「女は年一つ増えるごとに値段が高くなる」、女は売買の目的物。

「腹を指して婚を為す」、まだ母胎にある間に結婚の相手がきめられている。

「女は人に従うもの、家にあっては父に従い、嫁しては夫に従い、夫死しては子に従う」（三従）。

「狗に嫁しては狗に従い、雞に嫁しては雞に従う」。

「夫婦は同体」、また「夫婦は二体一心」、女性の従属性を示す。

「娶った妻、買った馬は、自分で乗ろうが、打とうが勝手次第」。

「男は家産を承け、女は衣箱を承ける」、家産の分配は男女不平等。

「養漢要双」、姦夫姦婦に対する夫の私的制裁権。

「女が怒ると亭主は殴る。亭主が怒るとやはり女を殴る」。

等をあげられている。これに対し、革命後の諺は、

「男女は平等、人は誰でも一人前」。

「婚姻法はなまけ病をなおし、食粮をふやす」。

と大きく変化し、「自らの力で封建制を打破し、婚姻の自由、男女平等をうちたてた変革過程の中で積極的に身につけて行く」(1)といわれている。これが戦後における中国女性に対する大方の理解であった。旧中国社会における女性の隷従と、革命による解放というのが、共通の認識といって差支えないであろう。

一方、前近代社会における女性の研究といえば、命を捨て自らの節を守り、或は、夫亡きあと、再嫁もせず舅姑に孝養をつくす、といった節婦烈女が中心的に取上げられてきた。儒学者官僚たちによって形成されてきた「あるべき」女性像であった。これが、女たちの実像とかさねあわされてきたのは、恐らく、ひとつには、前漢劉向の『古烈女伝』や、後漢班昭『女戒』にはじまり、歴代正史列女伝等、まとまった史料が手近にあることによるかも知れない。いうまでもなく、節婦烈女の存在や、また、数多くの女たちが、家族内において隷従下におかれていたであろうことを否定するつもりはない。しかし、節婦烈女か、隷従か、それだけが中国前近代社会における多くの女たちのありようであったのだろうか。薛涛・魚玄機・李清照等、ぬきんでた文学的才能を発揮した女たちもとり上げられているが、多くの庶民の女たちは、歴史に名をとどめず、これまでの研究の中ではその姿はみえてきにくい。本書では、節烈や隷従といった固定観念からいったんはなれて、庶民の女たちの、別のありように少しでも近づき、なお且つ、そのような女たちと、宋朝専制支配との接点をさぐってみたいと思う。と同時に、彼女たちが生きた場—郷村社会に

対し、宋朝専制権力がどのように向き合っていたか、人民支配のあり方について考えてみたい。

（1）仁井田陞『中国の法と社会と歴史』一〇九～一一〇頁、岩波書店　一九六七。『中国法制史研究』家族村落法第七章　新中国婚姻法の基本問題、五四七頁　東京大学出版会　一九六二。

宋代庶民の女たち　目次

まえがき

一　宋代庶民の女たち

二　宋代郷村社会と専制支配

宋代庶民の女たち

一　宋代庶民の女たち

宋代女子の財産権
——南宋期家産分割における女承分について——

はじめに

「法に在りては、父母已に亡く、児女産を分かつに、女は合に男の半ばを得べし(1)」という、南宋後期にあらわれた女子分法の解釈をめぐって、滋賀秀三・仁井田陞両氏の間に論争が行われたことは、すでに周知の通りである。滋賀氏は「家産をめぐる女性の権利なるものも、『承継』の概念を機軸として論ぜられなければならず」、「承継という相続様式は、財産の包括継承と祭祀義務とが不可分に結びつく」。従って、父を祀る資格をもたない未婚女子は承継系列の外におかれ、「生家の家産に対して付従的受益者たるの地位を認められるに止まり」、「問題の立法は、慣習から遊離した存在でしかなく」、「異質的な」劉後村という一人の人物の「我流の解釈であったのかも知れない[2]」といわれている。

仁井田陞氏は、この女子分法を積極的に解釈し、「女子もまた男子と同様に『承分人』であり」、「南宋法の女子分の場合も、祭祀と無関係な財産承継である[3]」として、祖先祭祀と家産承継との関係を否定され、経済的問題として重視された。かかる論争の背景には、法の理解に対する基本的な違いがある。滋賀氏が祭祀・承継の概念を、中国史をつらぬいて持続する不変の原理とされるのに対し、仁井田氏は、法もまた歴史と共に変化するものと考えられる。

私は今、あらためて、この論争に割りこもうとするつもりはない。ただ、近年発見された明版『名公書判清明集』（以下『清明集』と略す）において、これまでの通念に反する一史料に接し、女性の財産所有に関して、再検討を求められているのではないか、と思われた。いうまでもなく、滋賀秀三氏がのべられているように、女性は財産所有について、きびしい制約下におかれていたことは疑いないが、なおかつ、その中にあって、女子にも何らかの「女承分」があったのではないか。問題の女子分法も、かかる、親の「分を承ける」「財産権」との関連の中で考えてみることが出来るのではないだろうか。なお以下、時に応じて財産権という語を用いるが、これはいうまでもないが現在、私たちが用いている現代的意味での「権利」と同じでないことを前以ておことわりしておきたい。「財産権」として「　」付きで用いるべきかも知れないが、煩瑣を避けて、普通の用法に従う。これまで、きわめて消極的、否定的にしか考えられてこなかった、家産に対する女性の、何らかの、一定の権利を浮かび上がらせることが出来るか、というのである。

一　改嫁と粧奩財産

『清明集』巻一〇　人倫門、母子「子、継母と業を争う」は天水[4]の書判である。天水によると呉和中貢士は、どのような経歴の人物であるかは分からないが、家に数千巻の書を蔵していたというから、必ずや佳士であったに違いないという。先妻が死んで、七才の息子汝求が残され、後妻として王氏を娶った。その後の王氏をめぐる財産所有については、次の如くである。

（呉貢士は）田産を続置するに、立つる所の契券、乃ち尽く王氏の粧奩と為す。其れ立法の意、蓋し、兄弟同居を為し、妻の財もて産を置くは、他日、分を訟するの患を防がんとするのみ。王氏、呉貢士に事え、上は舅姑の養を見ず、下も亦た、伯叔の分析無し。一門の内、秋毫以上、皆な王氏夫婦の物なり。何ぞ用って自ら町畦を立て、物業を私置するは、此れ、其の意果たして安くに在りや。呉貢士溺愛し、一に其の為す所を聴すは、固より已に之れを失う。……呉貢士嘉定九年九月死す。家道頗る温なり。……王氏其の上を席捲し、汝求其の下を破壊、子母の恩愛離れ、呉貢士の家道壊る。未だ幾もあらずして、王氏嚢橐を挈えて再嫁し、汝求は貲産を傾して妄費し、貧して自ら支せず、遂に交訟を致す。……呉貢士恙なき時、屋一区有り。田一百三十畝有り。器具・什物具に存す。死して方に三年、其の妻・其の子、破蕩して余り無し。此れ豈に、以って人の婦の為す所、人の子の為す所ならんや。王氏原と自随田二十三種[5]、粧奩を以って置到せる田四十七種及び呉の嚢篋を収拾する在り。尽く挈えて以って人に嫁す。呉汝求既に故父の遺業を将って、尽く行して壊を作す。豈に応に更めて継母を計較、訟を成すべけんや。今、陳する所に拠るに、王氏置く所の四十七種の田、其れ、故夫已れの財もて置到せるに係り、及び質庫銭物有り、尽く王氏の所有と為す。然も、官文書に憑り、契照を索出するに、既に王氏の名もて成契を作す。尚お復た何の説かあらん。呉汝求父死するの時、是れ幼に非ず。若し、質庫銭物有らば、何ぞ自ら照管を行わざる。其の鬻産妄費の時に方りて、何ぞ且て、質庫の銭物を取りて使用せざる。継母已に嫁し、却りて方に詞有るは、之れを弁ずるに早からざらん無きか。

呉貢士は王氏と再婚後、田産を続置したが、その契約書は、すべて王氏の粧奩名儀とした。本来の立法の意は、妻の財として置産するのは、夫の兄弟が同居している場合、将来の家産分割に際して争訟のたねを未然に防ごうとしたものである[6]。妻名儀の財産は、家産分轄の対象外だからである。王氏は舅姑を養うことも、夫の兄弟に財産を分析することもいらず、その財産はすべて王氏夫婦のものなのであるから、何も物業を私置する必要はなかったのである。呉和中は王氏を溺愛して、妻の言いなりになった。呉和中は嘉定九年（一二一六）九月に死んだ。王氏は財産を席捲し、息子の呉汝求も、「淫佚狂蕩」して、家産を蕩尽した。間もなく王氏は、財産のすべてを引提げて再婚し、汝求も資産を傾けて妄費し、一文無しになって、継母の財産をねらって訴訟を起こした。

呉和中が生前に所有していた家屋一区、田百三十畝、その他器具・什物の類は、呉和中の死後三年の間に、妻と息子で破蕩しつくされた。王氏には田産として、

㈠　呉和中に嫁入りの時持参した自随田二十三種、

㈡　結婚後続置され、王氏名儀となった粧奩田四十七種、

㈢　その他、再婚の時、呉の家からかき集めてきた財産等、

があった。呉汝求は、粧奩として王氏の名儀になっている四十七種の田は、呉和中の財によって取得されたものであり、これは本来王氏のものではなく、その他の質庫銭物も含めて、すべて王氏の所有に帰しているといって訴えた。官が契約書を取り出し、調べてみると、田四十七種については、王氏粧奩の名において契約が成立していて、王氏の財産であることが確認された。質庫銭物についても、若し呉汝求のいうように、本当に質庫銭物があったのであれば、呉汝求は、父の死亡時には、すでに成人に達しており、自ら管理出来たはずである。にも拘わらず、管理を怠っていただけでなく、産を傾けて妄費の生活を送り、質庫銭物は浪費されてしまったものと判断され、呉汝求の訴えは却けられた。但し、王氏は再嫁して住むべき家があるが、呉汝求は、住むに家なく、典売してはならないという条件で王氏の家屋に住まわせるというのが結論である。

滋賀氏によると、寡妻は再婚せず、節を守って婚家にとどまる限りにおいて、亡夫に代わって財産所有の権利を有したが、再婚すれば、そのすべてを抛棄しなければならなかったと言う。「其れ改嫁する者は夫の家の財産、及びもとの粧奩は、みな前夫の家を主と為す」という明戸令をあげ、これは「古来の大原

則」であり、「改嫁は、妻が自己のうちに生きる夫の人格を脱ぎ棄て、夫の宗を離脱する行為であり、それにともなってすべての権利を脱ぎ棄てなければならない」(7)といわれている。

また『清明集』巻五　戸婚門　争業下「継母、養老田を将って、遺嘱して親生の女に与えんとす」(翁浩堂)によると、葉氏は蔣森の後妻、蔣汝霖の継母であるが、汝霖が田産をめぐって継母を訴えた。蔣森は、財産として、二九〇碩の収穫のある田があったが、蔣森の死後汝霖が一七〇碩、葉氏が五十七碩の穀田を得た。この田について、

葉氏の此の田、以って養老の資と為せば則ち可、私自に典売するは固より不可、随嫁も亦た不可、遺嘱して女に与うるも亦た不可なり。何となれば、法に在りては、寡婦子無く、孫年十六以下、並に田宅を典売するを許さず。蓋し、夫死すれば子に従うの義なり。婦人に承分の田産無し。此れ豈に私自を以って典売す可けんや。婦人随嫁の奩田は、乃ち是れ、父母、夫の家に給与せる田産、自ら夫の家に承分の人有り。豈に捲して以って自随す可けんや。

とある。蔣森の後妻であり、蔣汝霖の継母である葉氏の田産について、自らの養老の資とすることは認められるが、それ以外、典売も不可、随嫁も不可、遺言によって、自分の娘に与えることも不可である。その根拠は、寡婦に子なく孫がいても十六才以下であれば、田宅を典売することは出来ない。婦人に承分の田はない。粧奩田は、父母が夫の家に給与した田産であるから、自随することは出来ない等の法にもとづくものである。葉氏は自分の所有する穀田について、養老以外は、自分の自由にならず、全く何の権限もないという。

上引、「子、継母と業を争う」にみえる呉汝求の訴訟に対する裁判官の判断は、滋賀氏のいわれる原則、或は、葉氏の殺田に対するきびしい規制、判決とはおよそかけはなれ、矛盾する。呉和中には放蕩息子とはいえ、歴然とした成年の男嗣子が存在しているにも拘わらず、王氏は、自随田二十三種だけでなく、夫呉和中の財によって取得された田であるとして息子から訴えられた王氏名儀の粧奩田四十七種、その他、夫の家の「嚢篋」をかき集めて改嫁した。にも拘わらず、これらは王氏の所有として、すべて認められたのである。呉汝求がはじめから、王氏本来の自随田二十三種を、訴訟の対象から除外しているらしいのは、自随田は、改嫁しても王氏固有の所有と考えられていたためではないか。滋賀氏は「持参財産たる土地は、通常、夫の名儀で保持される」[8]といわれているが、ここでは「秋毫以上、皆な、王氏夫婦の物なり」とある。呉氏夫婦と夫の姓ではなく、王氏夫婦と妻の姓で示されていることにも注目したい。しかし、一方滋賀氏は「立法上は、資料的に知られ得るかぎり、一貫して（随嫁粧奩財産を）持去るを許さずとする立場がとられている。ただし、南宋時代の判語においては、この点明瞭でなく、むしろ持去り得るとする考え方が当時の識者の一部にあったと思われるふしがある」[9]といわれているのは注目される。四十七種の田は、王氏が、呉和中と結婚後、粧奩によって取得したものと判断され、この田が改嫁に際し、夫の家から持去られ、裁判において、王氏の財産として承認されたのである。

法に違反し、他史料とも矛盾し、これまでの固定観念をくつがえすような一史料のもつ意味を、一つの手がかりとして、女承分や女子分法の問題を考えてみたい。

二　改嫁と亡夫の財産

『清明集』巻四戸婚門　争業上「熊邦兄弟、阿甘と互に財産を争う」（范西堂）は、熊賑の三男資の死後、その遺産配分をめぐる三つどもえの争いである。

熊賑、元と三子を生む。長を邦と曰い、次を賢と曰い、幼を資と曰う。熊資身死し、其の妻阿甘已に改嫁を行う。惟だ室女一人を存するのみ。戸に田三百五十把有り。当に元と、其の価銭三百貫に満たざる以って、条に従いて尽く女承分に給付す。未だ姻畢るに及ばず、女も復た身故す。今、二兄争うに其の子の立嗣を以ってす。而して阿甘も又た、田の内百把は自らの置買に係ると謂い、亦た分を求めんと欲す。立嗣の説、名は弟の為めと雖も、志しは田を得るに在り。後来の続買も亦た、阿甘、以って自随す可きに非ず。之れを律するに法を以ってすれば、尽く合に没官すべし。もし是れ立嗣なれば、生前に出でず、亦た絶家の財産に於いて只だ、応に四分の一を給すべし。今、官司、例として籍没を行うを欲せず。仰せて見銭十貫足もて女を埋葬するを除くの外、余の田は均しく三分と作し、各々其の一を給す。此れ法意に非ざるも、但、官司、厚きに従い、自ら抛拈するを聴す。如し互に争う有らば、却りて当に条に照らして施行すべし。

熊賑（明本では振に作る）には、長男邦、次男賢、三男資の三人の息子がいた。そのうち三男資が死亡し、妻阿甘は改嫁、在室女一人が残った。資には三百五十把の田があったが、その価格は三百貫にも満たず、条法に従って女承分として娘に給付した。娘は未婚のまま死んだ。ここで、その遺産をめぐり、邦・賢・資の寡妻阿甘三人の争いとなった。邦・賢の二人の兄は、それぞれに自分の息子を養子として資の後嗣ぎに立て、その田産をねらい、阿甘も三五〇把のうち、百把は自分の財産で置買したものだといって、取分を求めた。これに対し、范西堂は寡妻は改嫁、女は死亡したのであるから、法にもとづけば、資の家の財産は尽く没官、戸絶となる。仮りに立嗣したとしても、資の生前のことではないから、取分は、絶家の財産の四分の一である（後出表参照）。しかし、今、官司は、条法に従って籍没するつもりはなく、娘の埋葬費として十貫足を除き、残りを三分し、三分の一ずつをくじ引きで分配する。「此れ法意に非ず」とは、出嫁の阿甘にも三分の一を給したことであろう。滋賀氏によると、「前夫の兄弟等と同居共財の関係にある寡婦が、改嫁によって持分権を失う」、「それだけでなしに、単身亡夫の遺産を保持している寡婦もまた、改嫁によってその遺産の所有権を失う。これを持参して後夫に嫁することは許されない。」[10]といわれている。阿甘はもはや寡婦でもなく、すでに改嫁して熊家とは関係ない女性であるから、財産配分の対象には入らない。にも拘わらず裁判官は法に反して、邦・賢と並んで女の遺産（＝亡夫資の遺産）の三分の一を他家に改嫁した阿甘に与えたのである。これを不服として争うのであれば「条に照らして施行」する、つまり籍没するときめつけてはいるが。阿甘が自ら置買したという百把の田が認められなかったのは、結婚後に手に入れたもので、自随田ではなかったためであろうか。上述、呉汝求が、継母王氏の自随田二十三種を、訴訟の要求から除外していたらしいことも考えあわせると、自随田は、現実には夫が死亡、改嫁しても、妻の財産として認められていたのではないかと考えられないこともない。なお、資の遺産三五〇把分の田について、「条法に従ってすべて、女承分として未婚の女に給付された」とは、「女が承ける分」が、法的に定められていたことを示すものとうけとれる。三百貫に満たない、小額であるという条件つき乍ら[11]、女は、父の遺産を承ける一定の権利を有していたらしい。同じく『清明集』巻五戸婚門、争業下に、翁浩堂[12]「妻の財もて置業するは分に係らず」という項目があり、

法に在りては、妻の家得る所の財、分限に在らず。又、法に、婦人の財産、並に夫と同に主と為る。

とあって、妻の家の財産で手に入れた田業は、衆分の対象とはならず、家産分割から除外され、また内容は不明であるが「随嫁田法」という法が定められていたことも記されている。持産財産は、少なくとも法律上は、夫婦共財として、夫の管理下におかれたといわれているが[13]、夫の家の共財にはくみ込まれていない。後述するように、金石記史料によっても粧奩田は妻の名儀で登録されていた例もあり、妻の粧奩田に対する権利は意外に強かったのではないかと考えられる。勿論、妻の家との関係として考えるべきであろうが。

『清明集』巻八　戸婚門、女承分「孤遺の田産を処分す」（范西堂）によると、解汝霖夫婦は北虜の入寇によって死亡し、幼女七姑と、孫女秀娘の二人の在室女が残された。七姑は本姓は鄭で、汝霖が生前に収養して育てた女であるが、「親女と同じ」に扱われ「女承分」の権利を有した。汝霖の姪解勲がその財産を管理し、二人の女を養育していた。これに対し、余栄祖なるものが、連年入状し、解勲が汝霖の財産をとり込もうとしているといって、汝霖の財産を籍没、官に帰すよう、戸絶を告論しつづけた。解勲は命継[14]によって養嗣子伴哥をたて、汝霖の財産を承けつがせようとした。范西堂は、「既に二女あり。法当に分を承くべし」といって、戸絶の場合の、命継の養嗣子・在室女・帰宗女・出嫁女・国庫の配分率を示す。

法に准ずるに、諸そ已絶の家にして、継絶の子孫を立つるは、近親の尊長の命継する者を謂う。絶家の財産に於いて、若し、只だ在室諸女有れば、即ち、全戸の四分の一を以って之れを給し、若し、又た帰宗諸女有れば、五分の一を給す。其れ在室并びに帰宗女は、即ち得る所四分を以ってし、戸絶法に依り之れを給す。止だ帰宗諸女有るのみなれば、戸絶法に依り給するの外、即ち、其の余の減半を以って之れを給し、余は没官す。止だ出嫁諸女有るのみなれば、即ち、全戸を以って三分して率と為し、二分を以って出嫁女に与えて均給し、一分は没官す。若し、在室・帰宗・出嫁諸女無ければ、全戸を以って三分して一を給し、並びに三千貫に至れば止む。即ち二万貫に及べば、二千貫を増給す。

之れを表にすると、次の如くである。(15)

	命継養子	在室女	帰宗女	出嫁女	没官
1 在室女のみ	1/4	3/4	—	—	—
2 在室女・帰宗女	1/5	4/5（在室女・帰宗女）		—	—
3 帰宗女のみ	帰宗女の残りの 1/4?	—	戸絶法による 2/4?	—	命継養子に同じ 1/4?
4 出嫁女のみ	1/3	—	—	1/3	1/3
5 在室女・帰宗女・出嫁女 なし	1/3	—	—	—	2/3

この戸絶法の配分をみると、第一には、在室・帰宗・出嫁等諸女に対する配分率が詳細、且つ、明確に法として定められていること、第二には、人数によって受取分は異なるが命継の嗣子よりは、在室・帰宗諸女等の方が配分率が高い。戸絶という特殊な条件の下であるが、女子も法的に女承分－遺産配分を受ける権利を有した。汝霖の家産は、歳収租穀二百石を下らないという地主であるが、その姪、勲が、これを自分のものに取込もうとしたことに対する書判である。祭祀承継者たる男嗣子、或は寡婦なきときは戸絶になるが、これを財産取得という視点からすると、さまざまな制約つきであったにせよ、女子もまた親の遺産に対し、法的権利を有し、分を承けた。

同じく『清明集』巻八戸婚門　遺囑、「女は合に分を承くべし」（范西堂）によると、

鄭応辰嗣無く、親生の二女あり、孝純・孝徳と曰う。過房の一子、孝先と曰う。家に田三千畝・庫一十座有り。厚からざるに非ず。応辰存するの日、二女各々、田一百三十畝・庫一座を遺囑して、之れを与う。殊さらに過ぎると為さず。応辰の死後、養子乃ち掩有せんと欲す。其の供する所を観るに、刻薄の論に非ざる無し。仮りに父母をして遺囑無からしめば、亦た自ら当に得べく、若し、他郡均分の例を以って、之れを処すれば、二女と養子、各々合に其の半ばを受くべし。今、只だ人ごとに百三十畝を与え、猶お且つ固執するがごときは、不義の甚だしきと謂う可く、九原知る有らば、寧んぞ憾み無からんか。県丞の断ずる所、其の家業の厚薄、分受の多寡を計らず、乃ち徒らに其の遺囑の是非、義利の去就を較し、却りて、身の養子為るを思わず、田畝三千を承受し、而れども撥する所二百六十に過ぎず、遺囑の是非、何ぞ必ずしも弁ぜんや。……設し、今孝先に予うる、未だ恵を傷するに至ら

ず。二女の取る、未だ廉を傷するに至らず。断然之れを行えば、一見決すべし。鄭孝先勘杖一百、釘錮とし、元と遺嘱に照らして、各田一百三十畝を撥し日下管業せしむ。

とある。鄭応辰には男嗣子がなく、二人の娘がいた。過房[16]により、同宗から孝先を迎えて養子とした。応辰には、田三千畝と庫十座があり、遺言によって二人の娘にそれぞれ田百三十畝と庫一座を与えた。応辰の死後、孝先は遺言を無視して全財産を一人占めにしようとした。范正堂は、仮りに父母の遺言がなければ、二人の娘は遺産を受けとる当然の権利がある。その配分は若し、「他郡均分の例」によれば、二女と養子は各二分の一を受けとることが出来るという。孝先が二分の一、二人の娘は二分の一、つまり、娘一人で四分の一ずつを受けとることが出来る。後述する「女は合に男の半ばを得べし」に一致する。この書判をどの任地で記したかは不明であるが、「他郡均分の例」とは、女子分法と同じ配分であったものと考えられる。西堂の任地周辺において、女子も含めた家産分割が行われていたとみることは出来ないだろうか。范西堂は「冠裳して訟を聴くに、発摘すること神の如し[17]」といわれる人物である。孝先が養子の身であり乍ら、遺産を掩有しようとしていると非難している。二人の娘は父の親生の娘であるにも拘わらず、祖先の財産の恩恵に浴することが出来ず、すべて養子のものになってしまうのでは、「義利の去就、何の撰ぶ所かあらん」という。女子も親の遺産をうける権利があり、田三千畝のうち、二百六十畝を二人の娘が承受するに過ぎないが、孝先の側からみれば、「未だ恵を傷つくるに至らず」、二女の取り分からみれば「未だ廉を傷つくるに至らない」という。結論は遺言通りであるが、孝先に対しては、杖一百、釘錮の刑[18]を科した。女承分に対する明確な考えが示されている。杖一百、釘錮の刑は、孝先が遺嘱に反し全遺産を掩有しようとしたことに対する処罰であろう。二人の女は親の遺産を承継する法的権利があり、養子孝先が全遺産を独占することは、違法、刑にあたいする行為であった。

上引、范西堂の書判「孤遺の田産を処分す」において、命継の養子と、在室・帰宗・出嫁諸女との遺産配分率が詳細に示されていたが、同じく『清明集』巻四戸婚門　争業上「羅棫、妻の前夫の田産を将って没官せんことを乞う」（范西堂）も、戸絶・命継に関する記録である。

法に在りては、諸そ、已絶の家にして継絶の子孫を立てるは、近親の尊重、命継する者を謂う。絶家の財産において、若し、在室・帰宗・出嫁諸女無くんば、全戸を以って三分し、一分を給し、余は将って没官す。

とあり、上表の五番目の配分率に同じである。書判は、当時の現行法にもとづいて判断されている。在室女のみの場合は、命継養子四分の一、在室女四分の三であったのに対し、「女は合に分を承く可し」所引の「他郡均分の例」では、在室女四分の二、養子四分の二となっていて、配分率が違っているのは、孝先が命継ではなく過房による養子のためであろう。陳智超氏によると、范西堂（応鈴）は、撫州・蘄州の通判、広西提点刑獄在任中の書判が多いという。この他、浙東・江西・湖南等にも在任している。女承分規定は、これらの地域にわたって適用され、この配分方法は「均分」とよばれていたと考えたい。

三　「女は合に男の半ばを得べし」

そこで、はじめにのべた、劉克荘（後村）の「女子分法」に戻ろう。『清明集』巻八戸婚門、分析「女壻は応に妻の家の財産を中分すべからず」（劉後村）は、江南東路饒州鄱陽県における訴訟である。

法に在りては、父母已に亡く、児女産を分かつに、女は合に男の半ばを得べし。遺腹の男も亦た男なり。周丙の身後、財産合に三分と作し、遺腹二分を得、細乙娘一分を得べし。此くの如きの分析、方に法意に合すべし。李応竜人の子の婿と為り、妻の家に孤子有るを見、更に条法を顧ず、幼孤を恤まず、輙ち、妻の父の膏腴の田産を将って、其の族人に与え、妄りに妻の父・妻の母の摽撥と作す。天下に豈に女婿、妻の財産を中分するの理有らんや。県尉引く所の張乖崖三分を婿に与うるの故事は、即ち、見行の条令、女は男の半を得るの意なり。帖を東尉に委ね、周丙戸下の一宗の田園・干照、並びに浮財帳目を索上せしめ、磽腴・好悪を将って、匹配して三分と作し、合に分かつべきの人を喚上し、当庁にて拈鬮せしむ。僉庁先ず、李応竜一宗の違法の干照を索し、毀抹して案に付す[19]。

周丙の死後、遺産の分配にあたって、遺腹の子が二分、むすめの細乙娘が一分を得るという分け方は、「女は合に男の半ばを得べし」という法にかなうものである。にも拘わらず、婿の李応竜は妻の家に孤児がいるのをみると、条法を顧みず、幼孤を恤まず、妻の父母がくれたものだといって、妻の父の肥沃な田土を自分の親族に与えた。むすめ婿が、妻の財産を中分するという道理はない。県尉が引用している張乖崖の財産を三分して婿に与えたという故事は[20]、現行の条令である「女は男の半ばを得べし」の意であるといって、李応竜の要求は不当であるとして却けられた。「女は男の半ばを得べし」は、この地方において、現行の条令であったとうけとりたい。

劉克荘には、「（南康軍）建昌県劉氏、立嗣の事を訴う」[21]という書判があり、その中でも「二女は各々合に男の半ばを得べし」の法が記されている。田県丞（死亡）には妾劉氏がおり、田県丞との間に男子珍珍と、女の子二人がいた。一方、田県丞には正妻はおらず、養子世光（登仕）を迎えた。世光には女使（婢）秋菊との間に二人の女がいた。その世光も死んだため、田県丞の弟通仕は、自分の息子世徳を世光の養嗣子に立てて兄の財産をねらい、劉氏・秋菊・世徳で三つ巴の争いとなった。長文なので、やり直し裁判の判語の一部を引用すると、

再び劉氏立嗣を訴うるの事に拠るに、判を奉ずるに、此より前に判ずる所、未だ劉氏に亦た二女有るを知らず。此の二女既に是れ県丞の親女、登仕をして尚お存せしむれば、合に珍郎と均分すべく、二女各々男の半ばを得べし。今、登仕既に死し、止だ、諸子均分の法に依り、県丞の二女、合に珍郎と共に父の分を承くべし。十分の中、珍郎五分を得、五分を以って、二女に均給す。登仕の二女、合に立つる所の子と共に、登仕の分を承くべし。男子、死後に立つる所に係われば、合に、四分の三を以って二女に給し、一分を以って、立つる所の子に与うべし。此くの如くの区処、方に法意に合すべし。

前の裁判では、劉氏に二人の女がいることを知らなかったが、今、新たに県丞の親生の女二人を加えて、やり直し裁判である。先ず第一は、養子世光（登仕）が在世の場合、世光と珍郎が均分し、県丞と劉氏との間に出来た二女は男子の二分の一を得る。しかし、第二には、現実には世光は既に死亡しているのであるから、田県丞と劉氏の一男二女についての配分は、諸子均分の法により、二女は珍郎と共に父の分を受ける。珍郎が二分の一、残る二分の一を二女が承ける。二女は各々四分の一となり、「二女は各々、まさ

に男の半ばを得べし」に当たる。「諸子均分の法」については、滋賀氏は「この語意解けず」といわれている。私もよくは分からないが、例えば、上引范西堂書判「女は合に分を承くべし」に、親生の二女孝純・孝徳と、過房の養子孝先との間の配分について、「若し、他郡均分の例を以って之れを処すれば、二女と養子、各々まさに其の半ばを受くべし」とあった。養子が二分の一、二女合わせて二分の一、つまり二女は各々四分の一ずつをうけ、これが「均分」であった。「他郡均分の例」の配分率は、「諸子均分の法」と同じであり、いずれも均分法とよばれて、女は男の半分である。両者は無関係ではあるまい。且つ、女も父親の遺産の分を承けた。

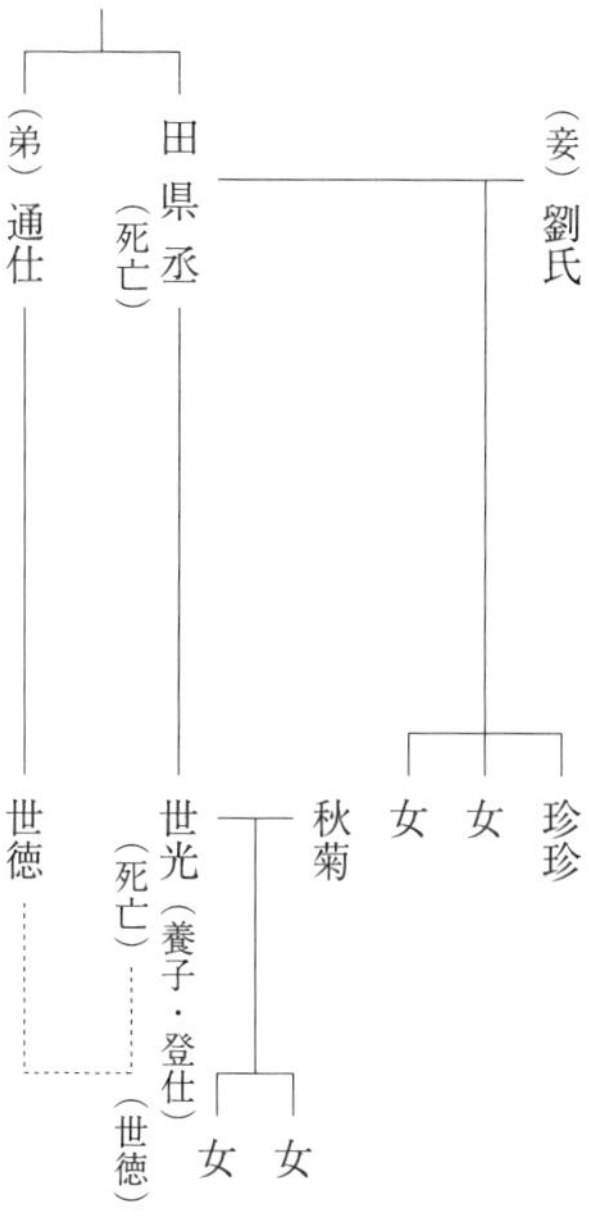

第三は、県丞の養子世光と、女使秋菊との間に出来た二女への配分である。二女は養子世徳と共に、父世光の分をうける。但し、世徳は世光の死後の立継、すなわち、命継であるから、法規定に従って、二女に四分の三、世徳に四分の一を与える。この配分は、上引范西堂の「熊邦兄弟、阿甘と互に財産を争う」において、「立嗣が生前に行われたのではない場合は、養嗣子には戸絶財産の四分の一を給する」という規定に合致し、同じく范西堂書判表の命継の養嗣子と在室女との配分率にも一致する。この他、劉克荘は、書判の中で、「法に在りては、諸そ戸絶の人、生む所の母と同居する者有れば、財産は並びに、主と為るを聴す」、「之れを攷するに令文に、諸そ戸絶の財産尽く在室諸女に給す」、「当職、今亦た、未だ遽かに通仕を縄するに法を以ってするを欲せず。如し、絶戸の子、四分の一を得るの条令に依るを願う……」等々、随所に「在法」・「令文を考す」、「法を以ってす」、「条令」等法令、条令が引かれていて、劉克荘が決して恣意的に処理していたのではなく、当時の現行法令に依拠して判断を下しているのである。劉克荘がより所とした法令は、范西堂もまた書判の基準としていて、周丙死後の家産分割に、遺腹の男二、女細乙娘一という均分法は、「まさに法意にかなう」ものであったし、その法は現行条令であった。

劉克荘と范西堂の書判は、共に具体的であり共通の法令にもとづいて判決を下していることは明らかである。劉克荘の官僚生活は、嘉定二年（一二〇九）、建陽令からはじまり、『清明集』の書判の殆んどは、江南東路提点刑獄の時代に書かれたものであるという。(22) 范西堂も開禧元年（一二〇五）の進士で、劉克荘と同時代人であり、且つ、上述したように、書判の書かれた任地も劉克荘に近い。范・劉共に、『清明集』中に二二篇の書判があり、女承分・戸絶法・均分法等にみられる家産分割方法の一致は、決して偶然とはいえず、相互の関連の中で考えるべきであろう。両者は、共通の社会的基盤の上に立ち、共通の現行法にもとづいて、判決を下している。とすれば、「女はまさに男の半ばを得べし」、「二女各々まさに男の半ばを得べし」という劉克荘の女子分法は、現行法として、他の諸法令と同様、現実に根ざした、生きた法令として実効をもっていたのではないであろうか。「異質的」とか、「慣習から遊離した」、或は「我流の解釈」として、一概に却けてしまうことは出来ないであろう。当時、女子が有していた家産分割に対する一定の権利を具体的に示す法であったのではないかと考えられる。

四　女子の田産所有

私は、かねてから、宋代金石記に見える土地所有関係・租佃関係を示す史料に、女子名儀の土地があることに注目してきた。粧奩田は、その名の示す通り、由来は明らかであるが、由来の不明な女子名儀の田も少なからずあり、それらをすべて粧奩田としてしまうわけには行かないであろう。上に見てきたような、女承分・女子分法によって女子の手に帰した田も含まれていたのではないかと考えられるからである。

『江蘇金石記』巻一四　呉学続置田記一によると、蘇州呉県の学田のうちの一契は、嘉泰四年（一二〇四）七月に、一九〇八貫五五〇文で、吏部右司の媳婦陶氏の粧奩田を買取って学田としたものである。この土地は、陶氏の粧奩田として、もと長洲県陳公郷二五都に所在した計一七段、一二六畝三角一四歩を買いとった田であった。陶氏名儀で砧基簿に登録されていたと思われる。且つ「連前の陶氏の粧奩田一契は、租戸呉七十五等の立契に係る」と記されていて、陶氏と租戸呉七十五等との間に、租佃契が結ばれ、陶氏は租佃の契約主であった。同じく「呉学続置田記」二には、開禧二年（一二〇六）五月、一四〇貫九二〇文で、黄県尉宅総幹男三上舎の妻徐氏の粧奩を質取りし、或は、楊朝奉下九官人妻李氏百二娘の、呉県呉苑郷十都所在の粧奩田を質取りした等、粧奩田がみえている。いずれも女子の名儀で記されている。

上述の陶氏粧奩田は十七段に分かれ、各段毎に、所在地、もとの所有者名、面積・四至等が記されていて、その中に女子名が散見する。すなわち、七号田の四至には呉六三嫂・金三三娘の名が見え、二号田・四号田・二一号田・二二号田の計四段八七畝余の旧所有者は呉六三嫂である。また、二一号田の四至に「已産」とあるのは、恐らく陶氏の所有田の意であろう。ここだけでも八七畝強の土地所有である。また、崑山県冲川郷所在の呉県学田六契のうち、四四号田六畝余の田の四至にも、「戴屯女廿五娘田」と女子名儀の田がみえる。

『江蘇金石記』巻一五　平江府添学田記（嘉定一一年）にも、常熟県管轄下の府学田の中に、「馮百乙娘田一六畝二角四〇歩、沈五乙嫂田一畝一角」がある。同じく、巻一七　平江貢主荘田籍記にも、常熟県積善郷四四都所在の四畝余は、邵昇の妻阿銭の田とあり、且つ、租穀二石五斗を納める租戸は、邵六一嫂で女性である。金石記全体からみれば、かかる女子名儀の数は、むしろ少ない。しかし、注意しておきたいのは、第一には、粧奩田が夫名儀ではなく、女性名儀で登録記載されていることである。「自随の産は、別に女戸を立つるを得ず。当に其の夫の戸頭に随うべし」、「法に在りては、……婦人の財産は並びに夫と同に主と為る」、「女、人に適して、奩銭を以って置産すれば、仍ち夫を以って戸と為す」等々、女の粧奩田、自随の産は、夫に吸収されたと考えられる記録がある中で、金石記に記されている女性名儀の田、粧奩田をどのように考えるべきであろうか。第二には、呉六三嫂等の田は、嫂・娅等から推して、持参財産として、粧奩田の可能性が考えられる。金三三娘・廿五娘・馮百乙娘等の田とある「娘」とは、母の意もあるが、「むすめ」の意とすれば、どのような経過で、その所有に帰したのであろうか。(23) 在室女が法に従って取得した「女承分」か、或は「女子分法」によって取得した田であったかも知れないが、推測の域を出ず、今後の検討に俟たざるを得ない。

『夷堅丙志』巻一四「王八郎」では、夫の蓄妾を怒って訴え、離婚を認められた妻は、富商王八郎の財産の二分の一を得て、女を連れて別村に居を構えた。妻が財産所有の主体となったのであろう。

陶宗儀『輟耕録』巻七「奚奴酒を温む」によると、

宋の季、参政相公鉉翁、杭に於いて、将って、一に容貌才芸兼ねて之れを全うするの妾を求むるも、旬余を経て、未だ意に惬う能わず。忽ちにして奚奴なる者を以って至る有り。姿色固より美なり。其の芸を問えば則ち、能く酒を温むと曰う。……公喜びて遂にこれを納る。……帰付後、公携えて入京す。公死す。囊橐皆な有する所と為り、因りて巨富。人称して奚娘子と曰うは是れなり。

という話である。参政相公鉉翁に気に入られ、その財産を受けて巨富となったというが、奚娘子が所有の主体となった巨額の財産は、法的にどのように扱われ、処理されたのであろうか。

おわりに

はじめにみたように、呉和中貢士の後妻王氏は、夫の死後、自随田、及び呉貢士の財産で取得され、王氏の名儀となっていた粧奩田等を引携げて改嫁した。呉和中の先妻の子汝求は、この粧奩田を取り返そうとして訴訟を起こしたが、契約書が明らかに王氏名儀となっていることを根拠として、訴えは却けられた。呉汝求が、王氏の自随田をはじめから訴訟の対象から除外しているらしいのは、自随田は改嫁しても、王氏の財産として、訴えても勝味はないと判断したためではないであろうか。熊賑の三男資の妻阿甘は、夫の没後、改嫁し、熊家との関係は完全に失われたにも拘わらず、二人の兄と共に、死亡したむすめの遺産、つまり、亡夫の遺産の三分の一を承けた。このような「法意に反する」書判が社会的にも受入れられたであろう背景に、女性の財産権の存在を想定したい。裁判官の対応はきわめて柔軟であった。

南宋期、戸絶財産は、法規定に従って配分率が定められ、養子（命継）と共に、在室・帰宗・出嫁女等に女承分として配分された。その配分率は、養嗣子よりも在室・帰宗女の方が高かった。かかる法規定は、書判者の在任地から考えても、南宋江南地方にかなり広範にわたって通用していたものと思われる。このような女子分に関する法規定を、当該社会において女子がおかれていた法的・社会的・経済的諸制約を充分に承知の上で、なお且つ、一定の女子財産権として積極的にみて行きたい。そして、この女承分法は、以後、明清期に向けてむしろ下降の方向を辿ったのではないかと推測する。

滋賀氏によると、詳細を極めた戸絶における女承分立法は、宋代の特殊な現象であり、「明清代となると、再び『所有親女承受』という極めて簡単な規定が一つおかれるだけになり」、「清朝以降の世の実情としては、必ずしもむすめに財産が与えられていない」、「慣習上も清朝以降の資料にあらわれたところでは、戸絶財産はむすめに与えられるべきとは決まっていなかった[24]」等といわれている。明清期に到り女子の財産権に低下現象があらわれたのではないであろうか。仁井田陞氏は、「中国では皮肉にも、朱子学またはその系統の学問（程朱学）が盛行した宋代において、女子分が明瞭に、そして中国としては大幅にあらわれているのであって、こうした現象は単にイデオロギーの上だけで解決できるものではない[25]」といわれる。しかし、朱子学は、南宋期には偽学として党禁をうけており、朱子学が王朝支配の理念として本格的に思想的影響力をもつようになるのは、恐らく、科挙の学問として国教化されて行った元明以降ではないかと考えられる。宋代、法的に一定の位置を得ていた女子分法は、朱子学の国教化の過程で、相対的に低下して行ったのではないかと、推測したいが、今後の検討に俟ちたい。

鈴木国弘氏は、日本中世における女性の地位の相対的高さという周知の事実を理論的に説明するためには、中世女性の土地所有の種々相を明らかにする必要を強調され「女性の土地所有の対象が、いわゆる家地・宅地であるのか、一般の耕田（水田）であるのか、あるいは『先祖相伝地』であるのか、自身の買得地であるのか、といった土地の種目・性格からの考察が必要である[26]」といわれている。そのような分析はすべて今後の課題であるが、上引陶氏が粧奩田の租佃契約主であったり、邵昇の妻阿銭がその田四畝余の租穀を邵六一に納めさせて租佃主となっていることなどは、何らかの手がかりを与えてくれるかも知れな

い。（追補注）

註

（1）劉克荘『後村先生大全集』巻一九三書判「鄱陽県東尉、周丙の家の財産を検校するの事」。『名公書判清明集』巻八戸婚門　分析「女壻は、まさに妻の家の財産を中分すべからず」（劉後村）。以下『清明集』の巻数・頁数等は、明刻点校本『名公書判清明集』上・下、中華書局一九八七による。なお、明版『名公書判清明集』については、陳智超「宋史研究的珍貴史料」点校本下巻　付録七。高橋芳郎「名公書判清明集」、滋賀秀三編『中国法制史―基本資料の研究』東京大学出版会一九九三所収。「追補」宋代官箴研読会編『宋代社会与法律―《名公書判清明集》討論』滄海叢刊　二〇〇一、東大図書公司参照。

（2）滋賀秀三『中国家族法の原理』創文社一九六七、第四章　婦女の地位　第二節未婚女子　四四七～四五九頁。

（3）仁井田陞『中国法制史研究　家族村落法』東京大学出版会一九六二、第三章　宋代の家産法における女子の地位　第四・五節　女子分法　三八一～三九三頁。

（4）註（1）陳智超論文によると、天水の書判は五篇あるが、姓名・事績などは不明とのこと。

（5）「種」とは、梅原郁氏によると、南宋時代、浙江・福建などで知られる播種量による田地の計量単位。但し、詳細は不明とのこと。梅原郁訳註『名公書判清明集』同朋舎一九八六、一七頁註（3）参照。『清明集』には「種」とか「把」といった田土面積単位を示す語がしばしば見られる。

（6）これは『唐律疏義』・『宋刑統』巻一二戸婚律に「妻の家得る所の財、分限に非ず」を指すものと思われ、『清明集』巻五戸婚門　争業下「妻の財もて業を置くは分に係わらず」（翁浩堂書判）にも引用されている。

（7）註（2）滋賀著書四二二～四二三頁。

（8）註（2）滋賀著書五二一～五二二頁。

（9）註（2）滋賀著書五二八～五二九頁。勿論、この時は明刻本は未刊。

（10）註（7）に同じ。

（11）「三百貫に満たず」について、滋賀氏は、「三千貫というべきところを思い違えたものではないかとも思われる」といわれている。註（2）滋賀著書四〇三頁。なお、「把」については「水田を測る面積の単位であって、種子もみ手のひらにいっぱいをまくだけ、または早苗一たばを植えるだけの広さを意味するものらしい」といわれている。同上二〇二頁。

（12）翁甫、浩堂と号す。建安の人。宝慶二年（一二二六）進士。二八篇の書判がある。江西転運使、処州・衢州等浙東路の書判あり。註（1）陳智超論文参照。

（13）註（7）に同じ。及び、仁井田陞『支那身分法史』六六三～六六四頁。

（14）命継とは夫の死後、寡妻による立嗣を「立継」といい、妻もおらず親族の合議による立嗣を「命継」といった。註（2）滋賀著書三九七～三九八頁。註（13）仁井田著書四八三頁、五〇一～五〇六頁。

（15）註（2）滋賀著書四〇四頁以下。註（13）仁井田著書四八四頁以下、同『中国法制史研究　法と慣習』四一一頁以下。

（16）過房とは「同宗の昭穆相当の者を承継のために養子として引取ること」註（2）滋賀著書五七六頁・六〇二頁、註（5）梅原訳註一一三頁。

（17）『宋史』巻四一〇、范応鈴伝。

（18）「釘錮」については、註（5）梅原訳註一一三頁。

（19）註（1）参照。註（2）滋賀著書六一二頁。

(20) 張詠（乖崖）の故事については、『長編』巻四四咸平二年四月丙子条、仁井田陞『支那身分法史』四六〇頁。註（2）滋賀著書六一二頁等。

(21) 『後村先生大全集』巻一九三、『清明集』巻八立継「継絶の子孫、止だ財産の四分の一を得るのみ」は、その前半部分。註（2）滋賀著書四五五～四五七頁。

(22) 註（1）陳智超論文参照。

(23) 『両浙金石志』巻一四「湖州路報孝禅寺置田山記」至元甲申（一二八四）十一月日記によると、湖州霅水郷の六畝は「置到王念□下王阿女田」とある。

(24) 註（2）滋賀著書四五二頁他。

(25) 註（3）仁井田著書三九〇頁。なお、朱瑞熙氏も『宋代社会研究』（中州書画社一九八三）第八章宋代婦女的社会地位の第二節において、簡単ではあるがこの問題について論じられており、宋代女子の財産継承権は、南宋以後、次第に低下して行ったといわれている。

(26) 鈴木国弘「前近代女性史研究会の成果と課題」一、中世史『人民の歴史学』五九、一九七九。

(追補) なお、この女承分問題に関する以後の論争の経過については、大沢正昭「南宋の裁判と女性財産権」『歴史学研究』七一七号、一九九八にまとめられている。青木敦「地域と国法―南宋『女子分法』と江南民間慣習の関係再考―」『欲掩弥彰―中国歴史文化中的〈私〉与〈情〉国際学術研討会』もその後の論争も含めて興味深い見解を示されている。

（『劉子健博士頌寿記念　宋史研究論集』同朋社　一九八九）

宋代裁判における女性の訴訟

はじめに

宋代の女性についてといえば、先ず「節婦・烈女」がとり上げられ[1]、宋学の祖とされる程頤の「餓死の事は極めて小、失節の事は極めて大[2]」という語が何かにつけて引合いに出され、女性に対する三従・四徳・七出が強調されてきた。丹喬二氏は、「従来の歴史研究のほとんど大部分が男性の立場に立って書かれたもので、歴史像の全体的把握からみると不十分であること」、当時の「全人口の大きな部分を占める小農民の女性家族員こそが、もっとも苛酷な隷従状態におかれ、その解放は小農民のみならず全階級のそれと密接に関連していること」の二点をあげ、宋代の女性問題を取り上げる基本的姿勢を示された(3)。丹論文は、宋代小農民家族における女性の労働に焦点を合わせたものであるが、彼女たちが、「もっとも苛酷な隷従状態」、「如何に悲惨な状況」におかれていたかという視点が、すでに前もって提示されているように思える。丹氏によると、「律の規定からうかがえることは、当時、いかに夫が一方的に妻を離縁したかということである(4)」といわれ、左記の史料を引用される。

妻に七出及び義絶の状無くして之れを出だす者は徒一年半(5)。(傍点筆者)

という規定がみえていること自体、「いかに当時一方的に離縁が行われていたかを示し」、七出、すなわち、無子・淫泆・舅姑に事えず・口舌・盗窃・妬忌・悪疾が、「正当な離縁の理由とされていた」といわれる。丹氏は、七出について、妻にその中の一つにでも該当する行為があれば、夫は妻を離縁したと考えていられるように受けとれるが、私は、むしろこの律は夫の側からする一方的離婚に対して、一定のしばりが設けられていたと解したい。丹氏は右の引用の中で、七出と並んで離婚の条件となっている義絶には言及していない。義絶とは、夫が妻の家族に対し、あるいは妻が夫の家族に対し、殴・殺・姦・詈・傷・害等を犯した場合、夫、あるいは妻は、それぞれに義絶となり離婚、違反すれば徒刑という規定である。もちろん、夫と妻では、義絶律の規定に格差があり、夫に軽く、妻に重かったが、妻にだけ義絶律が適用されたのではない。夫にも適用された(6)。丹氏引用の律文は、妻が七出も義絶も犯していないのに、夫が妻を離婚

郵便はがき

料金受取人払

麹町局承認

8890

差出有効期間
平成16年1月
31日まで
（切手不要）

1028790

東京都千代田区
飯田橋二—五—四

汲古書院

行

通信欄

購入者カード

このたびは本書をお買い求め下さりありがとうございました。

今後の出版の資料と、刊行ご案内のためおそれ入りますが、下記ご記入の上、折り返しお送り下さるようお願いいたします。

書　名	
ご芳名	
ご住所 TEL　　　〒	
ご勤務先	
ご購入方法　①　直接　②　書店経由	
本書についてのご意見をお寄せ下さい	
今後どんなものをご希望ですか	

した場合、夫に一年半の徒刑を科すという規定である。さらに右の七出・義絶につづけて、

妻、七出を犯すと雖も、三不去ありて、之れを出だす者は杖一百、追還して合せしむ。

とある。三不去とは、㈠舅姑の喪を経持す。㈡娶る時賤にして後、貴となる。㈢受くる所有りて、帰する所なし（帰すべき妻の実家がない）[7]」の三者である。妻に三不去の中のひとつにでも該当するものがあれば、七出の事由があっても、夫は妻を離婚出来ない。丹氏はこの三不去も取り上げていない。滋賀秀三氏によると、「明清の律註釈家の言によれば、七出、三不去は、夫の恣意を制約する法と解されていた」という。この律文において、七出と三不去は、表裏一体化して述べられていて、義絶も含めて、三者は無関係ではない。丹氏のように、七出のみを取り出し、しかもこれを、現実の事実として、一方的に男性側にのみ許された行為とよんでしまうわけにはいかないだろう。滋賀氏は「七出は法にまで援用されているけれども、実際は或る程度無自覚に語りつがれた常套語たるに過ぎず、七つがすべて離婚事由として真面目に考えられていたわけではない」と説明する。丹氏はせっかく宋代の女性問題を先駆的、意欲的に取り上げられながら、既成の固定観念から抜け出すことが出来ず、史料解釈に先入観がはたらいてしまったのではないかと思われる。律の規定や、儒家思想にもとづく三従・七出等をそのまま当該社会の女性の実態に重ね合わせ、事実としてしまったところに、問題を残す要因があったのではないだろうか。

下見隆雄氏は、中国史を父性原理社会とみる通説を強く批判され、父権や家父長の権威とは、母性によって支えられた幻想でしかない、儒教倫理の核である孝（忠）とは、母を淵源として養われる観念であるとして、儒教社会の本源を女性に求められた[8]。しかし、私には従来の父性原理社会論を裏返してみた、理念

的な構想のように思われる。

大沢正昭氏は、南宋の裁判記録『名公書判清明集』[9]（以下『清明集』と略す）の、主として懲悪門にもとづいて、宋代の庶民像を見事に浮彫りにされた。『清明集』の世界は、まさに〈男の世界〉であって、「女の言い分を認めることなどあり得ず」、「〈寡婦は弱き者〉、〈女は家の中に〉という観念が定着していた」とし、宋代に「男性原理・〈愚民〉・国家権力」という三つのキーワードを導き出された。[10]男性原理社会であったことに異論をさしはさむつもりはないが、『清明集』には、女性が登場する裁判記録が少なからずある。その登場の仕方は、訴えを起こした婦、訴えられた婦、あるいは脇役などさまざまであり、中身も多様で節婦烈女や、三従七出では律しきれないし、必ずしも数的に処理しえない面がある。[11]ここでは、とくに女性が訴え主となって起こした訴訟を中心に、当時の女性たちの実態に近づいてみたいと思う。母が子を、妾婢が主人を、妻が夫を、嫁が姑を訴え、嫂叔相争い、財産・立嗣・離婚・改嫁・男女の中など裁判の中身は多種多様であり、単なる隷従論の枠の中にはおさまらない女性像がうかび上がる。これをとり裁く裁判官も儒教的建前論だけで片付けてはいない。

一　妾婢が主人を訴える

鄭克『折獄亀鑑』巻二釈冤下「蕭貫訴えを受く」は、北宋仁宗朝のことである。

蕭貫兵部、知饒州たりし時、撫州司法に孫斉なる者あり。高密の人なり。初め嘉州司法を得、先ず杜氏を娶り、里中に留む。更に紿きて周氏を娶り、与に蜀に抵る。罷めて帰る。周氏其の紿かるるを恚り、官に訴えんと欲するも、斉、断髪して杜氏を出すを誓う。歙州休寧尉を授けられ、倡陳氏を得て、又た、之れを納る。撫州司法を代授せらるるや、乃ち、竊かに周氏生む所の子禿禿を取り、杜氏・陳氏とともに、之れを撫州に載す。未だ幾ばくもあらずして、周氏亦た、弟とともに来たり、入りて其の舎に拠らんと欲す。吏、遮るに告を以ってす。斉帰り、捽して廡下に置き、偽券を出だして曰く、「なんじ傭婢なり。何ぞ敢え爾らんや」と。遂に陳氏とともに禿禿を殺し、寝後に瘞む。周氏州に訴うるも直ならず。転運使に訴うるも聴せられず。之れを久しうして、布衣に里・姓・聯訴の事を書し、行して道上に乞う。或るひと、周に饒に訴えんことを教う。斉、貫の部する所に非ざるも、受けて之れを行う。転運使始めて吏を遣わして按鞫せしめ、実を得たり。獄上せられ、赦を更するも、猶お斉の官を停し、濠州に徙す(12)。

というのである。周氏は、孫斉から正妻にすると紿かれ、次々と他に妾を囲われ、息子を奪われ、罵られ、あげくの果てに息子を殺されてしまったのである。この記事をめぐって次のようなことが言えよう。まず、第一に、言うまでもなく男の横暴、第二に、妾が訴えを起こしていること、第三に、相手は自分の主人であり、しかも官僚である。第四に、おそらくそのゆえもあってか、周氏の訴えに対する官の壁は厚かった。第五に、当時、一夫一婦多妾制と言われて、蓄妾はありふれたことであったが(13)、周氏はあくまで孫斉を許さなかった。第六に、周氏に同情し、これを支持する庶民の姿がみえる。最後に、蕭貫という名知事が、自分の管轄範囲を超えて取り上げ、妾の訴えを認め、官僚の主人を罰した(14)。このような経過が、日常的にいつもあったとは考えない。周氏の訴えはなかなかうけ入れられず、敢て街頭に訴えざるを得なかったのである。それゆえに蕭貫の行為が称賛され、「伸寃の事」として記録に残されたのであろう。しかし、官僚の主人を相手どって、自分の主張を貫き通した一人の妾婢の行動を、例外として葬り去るわけにはいかないだろう。かかる妾婢の行動を許容し、支持する社会的背景があったようだ。『清明集』には、妾婢の起こした訴訟がしばしばみられる。

『清明集』巻四戸婚門　争業上「羅柄の女使来安、撥せられし所の田産を、主母奪去すと訴う」は、女使（婢）来安が、自分の財産を主母に奪われたと言って訴えたのである。主母とは、主人羅柄の正妻のことである。

羅柄の戸計は税銭五十余貫あり。正室に嗣無く、婢来安の生む子一人有り。嘗て批帖を以って之れに付して謂う、「吾れ、年六十、継室の容るる所と為らず、逼逐せられて外に在り。女使来安に子護郎有り。寄して田舎に在り、将に一歳に及ばんとす。今平心庵を以って之れに処らしめ、竜嵓の田三千把を撥して、以って口食に充てん」と。

羅柄には税銭五十余貫を納める財産があった。婢来安との間に護郎という男の子がおり、養育費として三千把の田を与えていた。護郎も間もなく死んだので、来安は父母の下へ帰された。羅柄は来安―阿鄒のために生活のてだてを立てた。すなわち、

羅柄の典到せる楊従の戸の田、併びに上手・契要を以って、付与して業と為さしめ、阿鄒の戸を頓立す。楊従の戸頭楊照の税銭四百五十三文を之れに帰す。事は嘉定九年（一二一六）に在り、省簿の考

す可き有り。……次年、楊従復た此の田を以って立契倒租し、阿鄒に就売す。亦た印契有り。十一年に至り、阿鄒又た自己の銭・会を以って、楊従の鄧家坪等の田六号を典し、価銭五十一貫を計り、再び税九十七文を収む。阿鄒本戸の両項の税銭、共せて計るに五百五十有一なり。当職官に到り、条に従いて女戸を起立するを許さず。而して父鄒明を以って之れに替う。……羅柄去年纔死し、其の幹人黄藴、輙ち状を官に入れ、鄒明の税銭を帰併し、阿鄒の産業を攘奪せんとす。惟に羅柄の与えし所のものを、規図を行わんと欲するのみならず、而も阿鄒の自ら置けるものも亦た、兼并を肆にせんとす。

という。阿鄒には、羅柄から与えられた、もと楊従の田と、その後自分の資金で質取りした田とあわせて、税銭五五一文を納める二項の田があった。倒租とは、「典（質）」を「売」に改めることである。羅柄が死ぬと、羅柄の幹人黄藴が、訴状を官に入れてこの田産を奪おうとした。しかし、その背後に羅柄の妻趙氏がいた。

羅柄の妻趙氏、惟に子無きのみならず、又た、嘗て其の庶子を謀りて、已に羅柄の出だす所と為る。自ら公案有り、人の共に知る所なり。已にして復帰するや、羅柄の老且つ病に乗じて、その生業を拠し、其の孽子を逐い、而して自ら家事を主り、羅柄をして大厦有りと雖も安居するを得ざらしめ、庶子有りと雖も就養するを得ざらしむ。行路の人、聞きて之れを哀れみ、咸な平かならずと為す。

とあり、趙氏は裁判官范西堂をして、「雌の不才、未だ斯の人に加うるもの有らず」と言わしめた悪妻であった。かつて庶子を殺そうと謀り、羅柄に追い出されたことがある。羅柄の旧婢来安―阿鄒は、この主母を相手に訴訟を起こし、趙氏は勘杖(15)六十の罰をうけた。幹人黄藴が罰せられた気配はない。ここでも阿郷に対して「行路の人」の同情がよせられ、裁判官は、庶民の眼を意識していたに違いない。

『清明集』巻七戸婚門「女分を受く」条「阿沈・高五二、租米を争う」(呉如斎)も、婢の訴えである。高五一が死んで男子はおらず、婢阿沈の生んだ、一才の女の子公孫一人が残された。この公孫の養育・田産をめぐる争いである。

阿沈、紹定五年(一二三二)に田産を検校せんことを陳乞す。高五二は乃ち五一の親弟なり。亦た当年、其の次子六四を立てて五一の後と為さんことを陳乞す。已に司戸を差して検校せしめ、及び法官を送りて指定し、高六四を送りて後と為し、仍りて高五二をして同に公孫を撫養せしめんとす。未だ幾ばくもあらずして、阿沈、其の女を携えて王三に改嫁す。高六四、嘉熙二年(一二三八)に、已に出幼と称し、承分の田産を給せんことを乞う。官司条に照らして四分の三を以って高六四に与え、一分を公孫に存し、阿沈をして逐年収租せしめ、公孫を撫養するの資と為す。夫れ、何ぞ九年の内、阿沈僅かに租米十三石を得るのみなり。佃戸康一は乃ち高五二の親家なり。逋する所の余米、之れを高五二に帰するに非ず、則ち之れを康一に帰す。阿沈累ねて索むるも還さず。正に此れ抱憤するや、高五二復た、阿沈に啗わすに三十券を以ってし、一旦、其の撫養の十二歳の女を逼取して、其の家に帰せんとするは、意、安くに在りや。蓋し、公孫の一分の産、高五二、高六四奪わずんば饜かず。此れ阿沈の平かならずして詞有るの所以なり。

阿沈は娘公孫養育のために、田産の検校(16)を官に申請し、高五一の弟高五二も、次男六四を五一の後嗣に立てることを申告、共に承認された。その後、阿沈が公孫を連れて五三に改嫁し、高六四は、成年に達したと称し、承分の田を求めた。官司は、条法にもとづいて高六四に四分の三を、公孫に四分の一を与え、阿沈に、毎年収租して、公孫撫養の資となさしめた。しかし、阿沈の手に入った租米は九年間でわずか十三石のみ、未納の分はすべて、高五二の一族、佃戸康一のものとなった。その上、四分の一の公孫の承分田まで五二・六四等が奪おうとしたため、阿沈が訴訟の挙に出たのである。第一に、訴えたのは、旧主人高五一の婢であり、訴えられたのは、五一の弟五二、その息子で五一の後嗣六四、高家の親族である佃戸の康一等で、旧主人の一族の男たちを相手どっての訴えである。第二に、阿沈は、すでに公孫を連れ子して改嫁し、高の家とは縁のきれている存在である。第三に父親高五一の後嗣六四の四分の三に対し、公孫は婢の女として四分の一を承分田として取得した。(17) 判決は、阿沈の言い分がすべてみとめられ、高五二・高六四・康一は都轄送りとなった。

『清明集』巻七戸婚門、遺腹「是非を弁明する」は、旧婢が主人を訴えた訴訟に対する葉岩峰の書判である。訴訟の経過をみると、先ず、韓時覲の訴状がある。伯父韓知丞が任地永豊県で亡くなり、棺柩を扶護して、家に帰ってきたところ、忽ちにして、桑百二・董三八等が刀を持して擁入し、門戸をうち破り、垣根を打壊したという。一方、阿周（名を蘭姐という）の訴状によると、息子董三八は、もともと韓知丞の息子である。しかるに、今、家に入って父の喪に服することを許さない、という。供述するところをよく調べてみると、周蘭姐は韓知丞の旧婢で、嘉定二年（一二〇九）、董三二に出嫁し、董三八を生んだ。今の名は阿蘭、已にそれから二十七年が経った。韓知丞が死ぬと、董三八は、韓知丞の息子であるといって、宗家に帰り、遺産の分け前に与かろうとした。一方、周蘭姐は、韓知丞が生前うけもった裁判、韓妳婆のことを持ち出してきた。書判者は「韓知丞が已に亡くなってしまった今、証拠はなく、考問出来ないのであるから、どうして阿蘭が韓知丞の婢の時に董三八を懐妊したかどうかを知ることが出来ようか」という。しかし、「今、情節を以って、これを推測すれば、三八が知丞の子であり得ないこと、顕然として見易し」といって、周蘭姐の言い分の信ずる可からざる理由を、五項を立てて説く。主なところを記すと、

一、韓知丞は通経の名士、晩く科第に登し、理義を洞明し、世故を飽閲せるを見る可し。豈に、愛妾の子猶お、竜の蛇の腹より生まれしを知らざらんや。何ぞ、忍びて売菜の家に委棄し、年歳を経渉して亦た収養せず、乃お自ら遺体を軽んずること此くの如きは何ぞや。

二、周蘭姐が若し果たして懐妊して出で、月を踰えて産まば、便ち、ただちに韓知丞の家に挈還すべく、もし主母容れざれば、亦た、合に経官陳詞し、以って後日の証拠の地とすべし。今、其の子董三八、妻を娶りて、子を生む。二十七年間、杳然として一状もなく此に及べるは何ぞや。

三、韓知丞、已に数任を歴して、寒素を脱して栄貴を享け、韲塩を棄てて菑畬を植うること曩日の比に非ず。周蘭姐、抱衾の旧恩を思わず、破敗の窮態を恥じ、反りて、其の子の貧賤、蔬菜を通衢に鬻し、凍餒を忍びて以って日を度り、官に携造して以って飽を求めざるは何ぞや。

四、韓知丞、男子多からず、僅かに前妻生む所の時宜一子有るのみ。且つ、体羸く唇闕し、未だ必ずしも幹蠱の望みに愜わず。もし、韓知丞をして、果たして生む所の子外に在らしめば、豈に、早く収養し、之れを飽かしむるに膏粱を以ってし、之れを教うるに詩礼を以ってし、子舎をして衆多、書種絶やさざらんことを庶わざらんや。

五、周蘭姐称す、韓知丞甚だ、収拾の意有るも、奈何んせん、前の孺人林氏妬忌し、取帰すべからず、街頭に狼敗せしむるの日久しき所以なりと。此の説亦た是ならん。但し、林氏宝慶二年（一二二六）に已に身故し、是の時、内に嫉妬の妻なし。董三八何ぞ帰来して挙服承重せざる、韓知丞何ぞ機に乗じて収回撫養せざる。この十余年間、又た略ぼ一語も生む所の子に及ぶ無きは何ぞや。……此の五項を以って、之れを観れば、韓知丞、董三八を生前に収養せざるは、其の子に非ざること明らかなり。

といって、判決は、韓時宜に知丞の業を守らせ、阿周と董三八は、妄詞として、各々勘杖八十を科した。仲間をつれて乱暴狼藉をはたらく董三八、したたかな周蘭姐の、証拠のないむずかしい訴訟を、一言のもとに却下するのではなく、書判者は、勿論、科挙官僚として、儒学のたてまえ論であることはいうまでもないが、旧婢の母子に対し、状況証拠をつみ重ね、懇切丁寧に醇々と説いているのである。「官司、阿周の憑拠する所無きを見し得たり。若し、其の初に従いて、その萌しを折らずんば、何を以ってか、後の紛紛の訟を絶たん」という。書判は、周蘭姐・董三八だけが相手ではない。これを見まもっている衆の存在を意識している。

二　妻からの離婚訴訟

宋代の離婚について、滋賀秀三氏は、夫婦間、あるいは、男女の家双方の協議による離婚は自由で、法は全く干渉しなかったが、離婚は「原則として夫の意志によって成立し」、「妻の一方的な意志による離婚というものは一切認められない」[18]、また、丹喬二氏も「妻から離婚することは全く許されなかった」[19]といわれる。しかし、男の方が、全く一方的にいつでも勝手に離婚し得たかというと、必ずしもそうは行かなかったらしい。柳立言氏は「今、士大夫の出妻するもの有らば、衆則ち之れを非とし、以って行無しと為す。故に士大夫之れを難しとす」(司馬光)を引かれて、士大夫の離婚が容易でなく、南宋時、士大夫が理由なくして出妻すると、免官になったといわれている。[20]ここにも、士大夫の出妻を非とする「衆」が存在する。士大夫だけでなく、庶民の男もなんら憚るところなく離婚しえたわけではなかったらしい。『清明集』巻一〇人倫門　夫婦「夫、その妻を棄せんと欲し、誣するに曖昧の事を以ってす」という胡石壁の書判がある。江浜臾の妻虞氏は、姑龔氏から私通の罪をきせられて訴えられた。

今、江浜臾、母龔氏の状を抱き、却って前事を隠諱し、只だ、其の妻虞氏を押して自帰侍奉せしむ。虞氏何の面目あって、復た其の家に帰するやを知らず。官司合に究竟して、方めて明白なる可し。……法に在りては、姦は夫の捕に従い、其の形状顕著にして、捕う可きの人有るを謂う。江浜臾乃ち曖昧の事を以って、誣して其の妻を執え、官司をして、何に従いて拠と為さしめん。江浜臾駔侩の小人、此の義を知らず。固より責むるに足らず。但、事は有司に有り、須く結絶を要すべし。江浜臾自ら理屈を知り、前事に敢て堅執せず。却って又た、虞氏曾て、妾をして房奩の器皿を搬去せしめ、是れ虞氏に盗と姦と倶に有りと称す。大概是れ、無根の詞を撰造し、歳月を遷延し、虞氏をして坐困、復た合するを願わざらしめ、而かして、休離は己れに出でず、其れ小人の尤《はなはだ》しきものなり。謂わゆる器皿は、必ずや名件あり。僉《みな》、廳に押下して実に従い供せしむ。……江浜臾、設心して措慮し、其の妻を棄せんと欲し、事無名に出で、遂に誣するに閨門曖昧の私を以ってし、而して加うるに天下の大悪を以ってす。詞、理屈に窮すれば、又た、妻、房奩の器皿を盗搬すと謂い、勒して対弁せしむれば、則ち又た皆な虞氏自随の物なり。

という。「江浜臾は事端を選造し鳥獣の行いを以って其の妻を誣した」ということで勘杖八十を科された。江浜臾は、虞氏が私通したという母親の訴えをかくして、家につれもどし、姦の上に、更に盗の罪を捏造し、年月を引き延ばして虞氏を長い苦痛の中におき、もう我慢出来ない、というところまで妻を追い込み、江浜臾は「休離は己れに出でず」、つまり、自分の方から離婚するのではないといって、離婚にもち込もうとした。この史料をどうよむか。姑と、夫にいじめぬかれる妻虞氏の姿、男の横暴、悪辣が明らかであるが、見方を変えれば夫の方もまた、いつでも自由に、妻を離婚出来たわけではなかったことを物語っているのではないか。世間に向かって、自分が悪いのではない、妻が悪いのだといって、自分の離婚を正当化しようとしている庶民―一人の男の姿がみえる。

一方、上述滋賀氏や丹氏のいわれるように、「妻の一方的な意志による離婚というものは、一切みとめられなかった」のであろうか。妻側からの離婚については、「已に成婚して移郷編管せられ、その妻、離を願う者は聴す。夫、出外して三年帰らざれば、亦改嫁を聴す[21]」等の法があり、妻側からの離婚も不可能ではなかったが、厳しい枠がはめられていた。しかし、これらは、あくまで律の規定であって、現実そのものではない。現実には妻側の主導する離婚は少なくない。

洪邁『夷堅丙志』巻一四王八郎によると、

唐州比陽の富人王八郎、歳ごとに江淮に至りて大賈と為り、因りて一倡綢繆と与にす。家に帰する毎に、必ず憎悪せられ、其の妻鋭く之れを逐わんとす。妻は智人なり。……王生又出行し、遂に倡を携えて来たり、近巷の客館に寓せしむ。妻、在家の稍質売の器物、有らゆる蔵篋中のものを悉くして、屋内空空として窶人の如し。王復た帰りて之れを見、愈怒りて曰う。「吾れ汝と復た合す可からず。今日当に之れを決す可し」と。妻始めて奮然として曰く。「果たして是くの如くなれば、官に告するに非ざれば可ならず」と。即ち夫の袂を執えて、走りて県に詣る。県、仳離を聴し、其の貲産を中分せしむ。

という。豪商王八郎の妻は、夫の蓄妾を怒り、県に訴え、県は、妻の言い分をみとめて離婚を許し、富商の財産の二分の一を妻に与えた。夫は、末の女の子の引取りを求めたが、県宰はこれを却けた。上の三人の娘たちは、いずれも嫁いでいて、女の子ばかり四人であったらしいから、或は、七出の第一、「無子」に当たるかも知れないし、蓄妾はありふれたことであったから、七出の第七「妬忌」に当たるかも知れない。しかし、県宰は、妻の言い分を全面的に認め、「之れを義として」女の子を妻の手もとに引きとらせた。夫の蓄妾は、義が絶えたと判断されたのであろう。妻主導の離婚であり、その原因は蓄妾であった。

『清明集』巻九戸婚門　婚嫁「妻、夫の家貧なるを以って仳離す」は、夫の稼ぎが悪く、家道を凋落させたという理由で、五人の娘をもつ妻側から出された離婚訴訟、書判は劉後村である。

夫に出妻の理有り。妻に棄夫の条無し。丘教授未だ第せざるの前、女弟を以って黄桂に適かしめ、既に五女を生む。一旦丘教授、偶々高科に中り、門戸改変するや、黄桂営運に善ろしからず、家道凋落するや、丘教授遽かに女弟を奪い、離書を写せしむ。……黄桂曾て義絶を犯さず、既に其の妻を奪い、又た、其の生む所の女子を并せて、奪いて丘氏の家に帰す。天下に豈父無きの国有らんや。……如し黄桂なる者、夫婦以って復た合す可くんば、宜ろしく丘氏を以って之れに還す可し。……如し、夫婦復た合す可からざれば、亦た、既に黄桂の貧乏を憫念し、銭物を資助し、之れをして別に娶らしめよ。

とある。劉後村は、先ず「夫に出妻の理有り。妻に棄夫の状なし」と、儒家官僚としての建前を述べ、「天下に豈に父無きの国有らんや」、「黄桂曾て義絶を犯さず」ともいい、丘教授を批難しながらも、結局、書判では、黄桂の貧乏をあわれみ、銭物を与えて、別に妻を娶らせる、という所に落着いたらしい。よりをもどすことは難しく、はじめから予定のすじ書きのようにも見える。建前は建前としてかかげ乍ら、現実に対応して、正当な理由のない「妻に棄夫の状」を認める判断を下した。丘教授の意図がはたらいているとはいえ、妻側から出された離婚であり、これがまかり通った。

同じく『清明集』巻一〇人倫門　夫婦「妻、夫に背き、舅に悖《もと》り、断罪して離を聴す」も、妻からの離婚要求である。

阿張、朱四の妻と為りて凡そ八年。人に適くの道は、一たび之れと醮すれば、修身改めず。況んや歴年此くの如く其の久しきをや。もし其の夫の悪疾蔡人の如き有らば、阿張も亦た当に宋女の如くなるべく、夫の不幸は、乃ち妾の不幸、去るを奈何せんと曰うべし。今、朱四、目能く視し、耳能く聴し、口能く言し、手能く運し、足能く行し、初めより未だ嘗て蔡人の疾有らざるなり。阿張乃ち、故無くして之れを痴愚と謂い、相棄背せんと欲す。已に夫婦の義を失う。又た且つ、新台の醜を以って、上は其の舅を誣し、何ぞ其れ之れに悖るの甚だしきをや。礼に在りては、子甚だ其の妻に宜しきも、父母悦ばざれば則ち之れを出だす。阿張既に其の夫を訟うれば、則ち夫に宜ろしからず。又た其の舅を訟うれば則ち、舅に悦ばれず。事、此に至りては、豈に、強いて合せしむるべけんや。杖六十、離を聴し、余人は並びに放つ。

とある。書判者は「事ここに至った」以上、離婚のほかはないと判断したのであろう。阿張を杖六十に罰した上で離婚を許した。阿張は遮二無二離婚したかった。しかし、夫は義絶を犯したのでもなく、理由が立たなかった。そこで、五体健全な夫を痴愚と言い、舅を誣して訴訟にもち込んだ。杖刑を受けても目的を果たした。妻からの離婚が容易ではなかったことを示していようが、阿張はなりふり構わず自分の主張を貫いたのである。律には、

諸そ、妻妾の擅に去る者は徒二年、因りて改嫁する者は二等を加う。[22]

とあるが、擅に去った阿張にこの律は適用されておらず、杖六十の罰ですんでいる。洪邁『夷堅乙志』巻九「欄街虎」によると、趙清憲公の父元卿が、東の州の某県令と為った時、「婦人の亡頼健訟なるもの有り。一邑の患たり。称して曰く欄街虎と。笞撻を視すること爬掻の如し」とあって、笞撻など全く恐れない婦人がいた。

三　母が子の不孝を訴える

不孝は唐宋律において、謀反・叛と並ぶ十悪の一に数えられ[23]、重い犯罪とされている。母が子の不孝を訴える者があれば、「此れ、風教に関繋す、施行せざる可からざる[24]」ことであった。『清明集』巻一〇人倫門母子「母、子の供養せざるを訴う」によると、寡婦阿蔣は全くのひとりぐらしで、恃みとするものといえば、息子鍾千乙のみであった。しかし、その鍾千乙が不孝息子であって、

既に、匂合を営求し、以って其の母を贍らす能わず。阿蔣貧にして聊かも生せず。其の榻を鬻し、以って朝夕を苟もするに至る。牀を剥して膚に及び、困窮極まれり。鍾千乙、又た、其の銭を将って妄りに用い、久しくして帰らず。其の愛を割し、官に声訴するを致す。……鍾千乙、合に断治を行うべきも、今、其の母を観るに、羸病の余、喘息保たず、或は緩急あれば、誰か之れが為に倚せん。未だ之れを法に寘くを欲せず、且く戒励を責し、放つ。此れより以後、仰せて革心悔過して其の母を養わしめん。本州仍りて五斗を支し、阿蔣に責付し、且く、日下接済の須に充てしむ。

というのが、極悪の不孝息子を訴えた母親に対する裁判官の判決である。「まさに断治すべき」なるも、「革心悔過」して母に孝養する可能性を期待した。「風教」、つまり「徳を以って民を教化する」官僚の処理の仕方である。真徳秀『真文忠公文集』巻四〇泉州勧孝文には、百姓呉拾同の妻阿林が、その子呉良聰の不孝を愬えたことに対し、官は、

再三審問するに、具に其の詳を言う。……呉良聰の罪、極刑に該るも、姑く、軽く杖脊二十に従い、髠髪して拘役一年、仍お市に就いて引断し、人をして其の親に孝する者を知らしむ。(25)

という判断を下し、右の阿蒋と同じく、「風教に関繫」することとして、「人をして親に孝たるを知らしめようとし」たのである。しかし、ここで注意しておきたいのは、呉拾同の妻阿林の訴えに対し、裁判官は、再三審問したが阿林は、詳しく述べたという。つまり、官は再三にわたり審問をくり返したが、阿林の訴は真実で、うそいつわりのないことがわかったというのであろう。勘ぐれば、不孝の訴えの中には、あやしい陳述もあったらしいことを疑わせる。

『清明集』巻九　戸婚門、違法交易「已に出嫁せる母其の子の物業を売る」によると、

本司、昨徐氏其の子の不孝を訴うるに因り、事風教を干すを以って、遂に追究を与す。今、子母官に到り供対するに、則ち、徐氏は乃ち陳師言の継妻たるを知る。元と、乞養の一子あり。紹祖、と曰う。又親生の二子あり。紹高・紹先と曰う、及び、女真娘と曰うあり。師言死するや、徐氏、自ら夫の業を将って、分かちて五分と作し、乞養の子に一分、而して己と親生の二子と、自ら四分を占むるは、条に於いて亦た未だ是と為さず。紹祖偏愛を以って其の母を譏し、母又た不孝を以って、其の子に加うるは宜なり。

徐氏は、陳師言の後妻で、夫が死ぬと、その遺産を五分し、養子紹祖に五分の一、残る五分の四を、自分と、自分の生んだ子供たちで占めようとした。しかし、これは法律に違反するし、また徐氏は既に出嫁して陳嘉謀の妻であり、最早、陳師言の寡妻ではない。養子紹祖は、母親を、自分の子ばかり依怙ひいき

するといい、母親は養子を不孝といった。養子に不孝のレッテルをはって、自分の貪欲を満たそうとして訴訟を起こした。「風教に関繋する」どころのはなしではない。

蔡久軒は『清明集』巻一〇人倫門　母子「立継の家財を互訴す」において、

> 姜子朝、人の壻と為りて、其の搬伝を肆にし、而して妻の家の祀を絶たんと欲す。徐巌甫、人の子と為りて、財利を公にする能わず、而して、其の母の訟を激しくす。李氏、人の母と為りて、私意横流し、壻有るを知りて、子有るを知らず、女有るを知りて、夫の家有るを知らず。三人は、皆な罪無しと為さず。姑く僉廳の擬行する所に照らして、各々戒励の状を責し、如し更に紛々として已まざれば、径ちに姜子朝を追し、人の母子を離間するの罪を正し、徐巌甫を追して、其の母に承順する能わざるの罪を正す。是くの如くして又た已まざれば、則ち、是れ、李氏其の夫の家を絶するに意有り、官府に在りても亦た、得て之れを恕さず。各々其の子為《た》る、母為《た》るの道を尽くして、後悔を貽す毋れ。

と、壻・子・母入り乱れて、なりふりかまわぬ争いを嘆いている。同じく、巻一〇人倫門孝「割股救母」条において真西山は、

> 割股は孝道の正に非ずと雖も、然れども躯を捐して以って母を救わんとするは、一念の孝、誠に以って薄俗を励するに足る。……近く訟牒を閲するに、母其の子を訴え、子其の母を傷するものあり。毎に切に太息す。今、其の一を旌し以って其の余を表するは、聞く者をして、当に勧む所を知らしめんとす。(26)

と、母子間の孝の乱れを慨嘆する。

下見隆雄氏は、従来、中国史を徹底した父性原理社会と見る通説を批判される。父権や家父長の権威は、母性によって支えられた幻想に過ぎず、孝こそが儒教倫理の核をなす実践道徳の理念である。孝は母を淵源として養成される観念であり、家や一族のために奉仕する精神であると言われる(27)。しかし、それはあくまでも儒学の理念であって、母子間における、現実の姿のすべてではないように思われる。

四　女たちの言い分

以上、女たちの起こした訴訟のあり様をみてきたが、更に庶民の女たちの言い分について一、二付け加えておきたい。

司馬光『涑水記聞』巻一四によると、王罕が知潭州の時のこととして、次のような話が記されている。

王罕潭州に知たり。州素とより多事と号す。知州多く威厳を以って取辦するも、罕独りに仁恕を以って之れを為し、州事亦た治まる。老嫗の狂を病む有り。数《しば》しば知州に邀して事を訴うるも、言に倫理無く、知州之れを却くれば則ち悖詈す。先後の知州其の狂なるを以って、但だ徼者に命じて、之れを屏逐せしむるのみ。罕至るや、嫗復た出ず。左右之れを逐わんと欲するも、罕命じて、廳事に引帰せしめ、使前に召して、徐ろに問う。嫗、言雑乱次無しと雖も、亦た暁にす可きもの有り。乃ち、本と人の嫡妻と為る。子無く、その妾に子有り。夫死するや妾の逐う所となり、家貲為めに尽く之れを拠せらる。嫗、屢々官に訴うるも、直を得ず。憤恚に因りて発狂す。罕為めに其の事を直し、尽く家貲

を以って之れに還す。吏民其の能く冤を察するに服す。(28)

ここに言う「子無し」とは、いうまでもなく男の子のことであって、女は子の中には入らない。王罕は狂嫗の支離滅裂の言の中に事実をよみとり、妾に奪われた財産を嫗に取戻した。何人もの知事たちが受け付けなかった狂嫗の訴えを王罕がとり上げた。潭州は難治の州であったが王罕によって「州事また治まる」というのであるから、王罕のような知州が少なかったことを示していようが、これが州治のあるべきやり方、あるべき名書判として記録されたのである。王罕の裁きに吏・民が感服したと言う。ここでも裁判官の眼には庶民の存在がうつっており、裁判は民を納得させることが求められていたのであろう。次もまた一老嫗の訴えである。

『欧陽文忠公集』巻二八「蔡君山墓誌銘」によると、蔡君山（高）、北宋景祐中（一〇三四〜三七）、進士に及第、初任の福州長谿県尉の時、漁民の老いた母の訴えを受けた。

県嫗の二子海に漁して亡す。嫗某氏を指して仇と為し、県に捕賊を告す。県吏之れを難じ、皆な曰う。「海に風波有り。豈に其れ水死にあらざるを知らんや。且つ、果たして仇の殺す所と為すと雖も、若し屍を得ざれば、則ち、法に於いて理《ただ》す可からず」と。君山独り曰う。「嫗色に冤有り。吾れ理を為さざる可からず」と。乃ち、陰に仇の家を察し、其の迹を得。嫗と約して曰う。「吾れ汝と海上に宿さん。十日を期して屍を得ざれば、則ち嫗捕賊の責めを受けん」と。凡そ宿して七日、海水潮し、二屍浮びて至る。之れを験するに皆な殺なり。乃ち仇の家を捕え、法に伏せしむ。(29)

蔡君山は漁民の一老嫗の言い分をきき入れ、老嫗と共に海浜に泊り込み、屍体の浮くのを待った。結果は老嫗の言った通りであった。漁民の一老嫗の言い分が通ったのである。勿論、ここでも県吏たちは、これを聞き入れようとはしていないが、裁判官として本来的に求められていたあり方は、蔡君山であった。二十八歳で夭折、痛惜されたという。

『清明集』巻一三懲悪門　妄訴「鄰婦争いに因り妄訴す」は、胡石壁の書判である。

慢蔵は盗を誨うるの所以、治容は淫を誨うる所以なり。阿周状貌の間を観るに、必ずや廉潔の婦に非ざらん。尹必用と屋を比して居し、尋常に堂に升し室に入り、往来に間なし。特に尹必用、之れに挑む能わざるを患うれば、則ち、未だ従わざるもの有らず。今、阿周乃ち、尹必用に房闈の中に抱持せられ、抗拒して免るるを得、逃遁して帰る、と謂う。此れ、必ずや之れ無きの事ならん。若し、果たして之れ有らば、何ぞただちに鄰舎に叫知し、官府に陳訴せざる。必ず年を踰ゆるを待ちて後、詞有るは、則ち、其の妄誕たるること、言わずと知る可し。

という。大沢正昭氏は、これについて「裁判官の〈男尊女卑〉の考え方は徹底」していて、一方的に女性をきめつけ、「阿周の訴えの事実など、殆んど問題にしていない」と読まれている。(30) 胡石壁（胡穎）は、『清明集』中最も多い七五篇の書判を書いており、上述したように、三婚した阿区の最初の夫の弟が、兄嫁阿区の三婚を失節と言って訴えたのに対し、「或は嫁し、嫁さざるは、惟だ阿区の自ら撰ぶ所なれば可なり」、つまり、再婚しようと三婚しようと、本人の自由だ、という書判を書いている。しかも、三人目の夫に嫁する時も、主婚者・送嫁者をたてて、正式の礼にかなった婚姻を行っていて「穴隙を鑽して相窺い、牆を踰えて相従う者の比に非ず」、すなわち、不義密通のたぐいとはわけが違うとまで言って、阿区の三度目の結婚を擁護したのである。『宋史』巻四一六の伝によると、胡穎の「人となりは正直剛果、博学彊記、……政に臨んでは善く断じ、彊禦を畏れず」と記されている。私は、胡石壁の言う通り、阿周という女は「廉潔に非ざる婦」とうけとりたい。胡石壁は右の文に続けて、

大凡そ、街市の婦女、多く是れ本業に務めず。飽食して日を終わり、心を用いる所無し。三五群を為し、専ら唇舌を事とす。鄰舎睦まざるは、往往にして皆な此れに因る。之れを近づければ則ち不遜、之れを遠ざければ則ち怨むは、真に此の曹の謂なり。阿周、今訟庭の下に至り、太守の前、猶お読読として已まず、略ぼ忌憚なし。況んや家に在りてをや。竹篦十五に決し、本廂に押下して、掃街半月とす。尹必用、今後亦た、当に分に安んじて己を守り、隣舎と親善して此れに因りて、勝を得るを許さず。妄りに事端を生じ、如し、再び詞を惹せば、定めて当に懲治すべし。

とあって、街市の女たちが、おしゃべりをしながら街を群れをなしてのし歩き、阿周は訟庭にひきずり出されても裁判官の前で、ののしり叫び、裁判官をして「況んや家に在りてをや」と慨かしめている。客観的事実を重んじる裁判において、敢て誇張する必要もないように思われる。世間一般の女たち「此の曹」に対する教戒的意図をもった発言であろうが、胡石壁は、尹必用に対しても、再び詞をひき起こすようなことがあったら、懲治するぞ、と男の方にも原因があったかの如く、釘をさしている。阿周は尹必用の家に出入り自由のつき合いであった。阿周だけでなく、ここに記されている街市の女たちは、到底、「男は外、女は内」などという枠の中にはおさまらないし、書判者の対応も、「冶容は淫を誨うる所以」と言い、阿周に対しては、「必ずや廉潔の婦に非ざらん」と言いながら、対応は柔軟である。決して儒学者官僚と

して、こちこちの建前論できめつけているわけではない。

五　宗室・官僚の妻たちと訴訟

大沢正昭氏は『主張する愚民たち』の中で、士人・宗室のあくどい犯罪を取り上げられているが、その女たちもまた、さまざまな訴訟を起こしている。『清明集』巻三賦役門　差役「宗女の夫を以って蓋役す」によると、

照対するに、差役の法は白脚を以ってす。今、立てて趙八郡主と作し、升して百戸と為す。知県定差す。是れ、婦人は夫に従うを謂う。若し、宗女を以って編民の戸役を蓋蔽せんと欲すれば、世に此の条なし。之れを役法に通暁するに非ずと謂う可からず。其の後趙氏陳訴し、提刑司行下せる、間に、女戸を立て孤遺を撫恤するの文を備録するは、意、脱免に在り。……趙氏未だ鄭讜に嫁せざるの時、孤遺固より当に念うべく、女戸固より当に立つべし。今、既に夫に従い、其の戸猶お是れ趙八郡主たるがごときは、其の意猶お、官司孤を恤み、嫁する所の夫、将って何の用たるかを知らず。具する所の法、何条を引用せるかを審かにせず。

とあって、宗室の女趙氏は、鄭讜と結婚後も、法を無視し、差役を免れるために、陳訴して趙八郡主として女戸のままでありつづけようとした。更に、夫が他県に所有していた田土を隠匿して夫の役を脱れようとした。趙氏は、現地の郷司・役案と結託していたらしく、書判者范西堂は、郷司・役案を、各、杖一百

とした。趙氏が罰せられなかったのは、宗室の女のためか。しかし、訴えは通らなかった。同じく巻三賦役門　限田、「限田は官品を論ず」によると、官戸の限田免役のためには、前以って、毎戸の免役の限田面積・所在を開具し、「如し、差役に遇わば、即ち、照免を齎出」すればよく「若し、分書、並びに砧基簿に、曾て開説せざれば、免役の限りに在らず」ということであった。しかるに、

劉知府の新婦李氏、拠って是れ三代の孫、傍に叔伯無しと称す。若し、果たして是れ、訴うる所の如くなれば、自ら当に照免なるべく、豈に更めて上をして台府を煩わしむるを致さんや。今、片紙の照す可き無く、但、一告を執して、之れが役法を撓らんとするは、実に行う可からず。

とあって、劉知府の新婦李氏は、官戸三代の孫である。傍に叔伯はいないといって、官戸の特権である限田免役を要求して訴えたが、何の証拠もなく、却下された。

同じく『清明集』巻九戸婚門　墳墓「盗葬」によると、呉太師の孫呉思敬の新婦段氏は、夫の生前、佃客謝五乙兄弟が、呉の家の土地を盗葬したといって訴訟を起こした。呉太師は高宗の呉皇后の弟である。すでに六年を経過し、官司が断を下しているにも拘わらず、未だに決着がついていない。謝五乙兄弟が、「主佃の名分を顧みず」、「主母の孤寡を欺いた」ため、宗室につながる呉家の寡婦段氏は、佃戸を相手どって、「再状論訴」して執拗に争った。

劉斧『青瑣高議』補遺(31)「周婆必不作是詩」によると、曹圭の妻朱氏は「剛狼」で、

後ち、（曹）圭県令と為るや、凡そ男女の庭に訟する者あれば、婦人曲と雖も、朱則ち直ならしむ。

という。更に続けて、

圭夫婦忽ちにし病む。夢に二吏摂して陰府に至る。府君命じて紙書に断じて曰く、「婦強く夫弱く、内剛にして外柔、一妻を制禦する能わざれば、百姓何に由ってか整斉せん。鞭背若干とす」。朱氏詞して云う。「身婦女と為りて、合に閨門を治すべく、夫の権を奪いて手に在り、曲直に反して以って私に従う。鞭背若干とす」と。既に覚む。夫婦の背、各々鞭跡の存する有り。

とあるのは興味深い。曹圭の婦が強く夫が弱い内剛外柔を批難しているが、朱氏は其の子に『関雎』の篇を読ませ、「『毛詩』何人の作なるや」と問うて息子の教育にあたっている所をみると、古典に通じる賢婦でもあったことが知られる。

『清明集』巻一〇人倫門　夫婦「妻、已に改適し、前夫の財物を占めんと謀る」は、巡検の妻、阿常の訴訟である。長文なので抄訳すると、阿常は巡検の妻で、夫を亡くし、年老いた姑が残った。姑は子がおらず、「煢独哀れむ可き」であった。阿常は、夫が死んで「未だ卆哭にも及ばざる」に、にわかに姑をすてて、再嫁した。阿侯（姑）は、身をよせる所もなく、遂にその婢阿劉夫婦をたよって、辛うじて生活した。阿常は、改嫁後二年間、姑の所によってつかず、姑が死んだときくと、其の遺産をねらって訴訟を起こした。裁判官胡石壁は、第一に、もし、姑（阿侯）の財産が阿常の言う通りであるとすれば、姑の「養生送死」は皆、婢阿劉夫婦の力によるものであるから、此れによって婢の労に酬いるのが当然である。阿常は夫に背いて義を絶ったのであるから、遺産をねらうのは不当である。第二に、律によると、夫の服喪百日を過ぎて、貧乏自存する能わざる者は、自陳して改嫁がみとめられた。しかし、阿常の陳述によれば「夫の嚢中、此くの如く厚く、貧乏自存する能わざる者」ではない。従って、「喪に居りて嫁するの律」に坐して、離婚となるのは理の当然である。更に、張巡検は命官の身であるから、この法を知らないはずはない。知っていて、阿常と結婚したのは「五等の論罪に合たる」という。しかも阿常は銭より徐、徐より張と、再婚、三婚し、「娼優の賤と異ならない」女である。張巡検はかかる「不義の婦」を娶ったと、弾劾する。ただ、張巡検は、本府の所轄外であるから「可否は其の区処に聴け」と、判断を避けている。付言すると、前に述べたように、胡石壁は、別の訴訟で兄嫁の三婚を訴えた小叔に対し、「三たび夫を易うるは、失節固より正に甚だし」といい乍ら、「李従竜既に死するの後、或は嫁し、或は嫁さざるは、惟だ阿区の自ら択ぶ所なれば可なり」と三婚容認の判決を下している。一方で三婚を批難し、他方で容認しているが、これは胡石壁においては、決して矛盾ではないのであろうことをつけ加えておきたい。官僚の妻たちのさまざまなあり様の一端である。

宋代文集類の神道碑・墓碑銘、地方志の伝記等には、しばしば士大夫・官僚の妻たちが取上げられているが、そこに記されている女性像は、以上に見てきたような女たちとはおよそ別の世界の人間である。挙げればきりがないので、二、三例にとどめるが、金太君徐氏は「天性孝に篤く、女工婦事を謹み」、寧国県太君楽氏も「奩中の物を出して以って、族人游士の貧者を助施す。蓋し、其の家蕭然たるも慍色なし」、河東県太君曾氏は「司馬氏より以下、史の記す所の世の治乱、人の賢不肖読まざる所なし。蓋し、其の明弁智識、当世遊談の学問知名の士も、如く能わざるあり」、宋故孟婦人は曾祖以来の官戸の女で、「夫人尤も勤苦敬順、夫に事え子を訓し、率するに寒素を用う。……詩書古文より、其の賢婦烈女を録し、閨閫の義備わらざるなし(32)」等々である。官僚の妻たちがすべてこの通りであったとは思われないが、これらは士大夫儒者官僚たちが求めた、妻や女たちの望むべき姿だったのであろう。

　儒者官僚たちは、書判において、先ず以て建前論をかかげ乍ら、現実には、きわめて柔軟に対応し、律がそのまま適用・実施されたわけではない。これまで律・法の規定や、宋儒理学家たちの思想・発言を根拠にして画かれてきた女性像は、そのまま当時の女たちの実態を示すものではない。「婦人は夫に従う。自ら之れを専らにするの道なし」とあるからと言って、これをそのまま、女たちは、自らは何一つ為すことは出来なかった、とみてしまうことは出来ないだろう。

おわりに

　朱熹は「凡そ獄訟有れば、必ず、先ず、其の尊卑・上下・長幼・親疎の分を論じ、而る後、其の曲直の辞を聴す。凡そ、下を以って上を犯し、卑を以て尊を凌する者は、直と雖も右けず。其れ、直ならざる者の罪は、凡人に坐を加う」と、裁判において曲直は二の次で、上下の身分秩序こそが基本であると言う。朱熹がこのようなことを言ったのは「近年以来、或は族子を以て族夫を殺し、或は地客を以て地主を殺し、而も、有司の刑を議するや、卒に流宥の法に従い、奏するに、人を殺す者も死せず、人を傷する者も刑せず」[33]という現実に対してである。上下の身分秩序の乱れと、これに対する刑の弛緩を、深く慨嘆しているのである。上に見てきた女たちのさまざまな訴え、あり様、これに対する裁判官の書判は、朱熹の慨嘆を裏づけているかのごとくである。

女たちは、自ら訴え主となって訴訟を起こし、妾婢が主人や主人の一族を、妻が夫を、母が子を、嫁が姑を、姑が嫁を訴え、嫂叔相争い、宗室・士大夫の女たちも官を相手取って訴えを起こした。立継をめぐり、荘屋田産をめぐり、通姦と言って争った。「王直之と朱氏の争地」のごときは「僅かに一角の地を争いて、展転して歳を踰え、道路経営の費、其の直幾角なるかを知らず。遜畔に昧きこと、此に至りて極まれり(34)」と言い、「戸婚の訟牒、一にして足らず。直筆者をして情を酌し、法に拠り、以って其の事を平らかにする能わざらしむれば、則ち、厭くなきの訟熾んにして、家破らずんば、未だ已まざるなり(35)」と裁判官を慨かしめたのは、後嗣と遺産をめぐる女たちの争いである。共通して言えることは、したたかな、決して諦めない女たちの自己主張である。これに対する裁判官の書判は、朱熹の慨きを証明するかのごとく柔軟であり、女の再婚・三婚も認めるし、妻側からの離婚も、主人を相手取った妾婢の言い分も正当とした。上下・尊卑ではなく、情理・曲直をもって判断したのである(36)。これらを特殊例外として無視してしまうには、残された記録はあまりにも多い。本稿で取り上げた女たちの訴訟は、そのごく一部に過ぎない。政府は烈女節婦を表彰し、官僚士大夫層は、妻たちに対して、祖先の祀を絶やさず、舅姑に孝、夫に従順、女工婦事につとめ、古典に通じて子弟を教育し、科挙に合格させ、身の貧を顧みず施しを惜しまないといった女性像を記した。柳立言氏は、士大夫と庶民は区別すべきである、と言われているが、両者は別々に無関係に存在したのではなく、以上みてきたようなしたたかな女たちの存在が、支配者官僚士大夫層をして、儒家的、道学的女性のあるべき姿を、強く求めさせたのかも知れない。朱子のリゴリズムは、現実の身分秩序の乱れに対する危機意識のあらわれであったのだろうか。

見方を変えれば、官僚たちは、女たちのさまざまな訴えを受け入れ、曲直にもとづき、情・理にかなった書判を下すことによって、王朝秩序の維持安定を支える役割を果たしていた、とは考えられないだろうか。裁判官の目には絶えず「行路の人」・「衆」の存在が入っていた。裁判を通して庶民を教戒し、納得、承服させることが求められていたのであろう。専制支配とは、いつでも権力をむきだしにして強行されたとは限らないだろう。というよりは、むしろ、専制権力とは、現実においてはすぐれて柔軟であったのではないかと考えられる。その背景に庶民の姿がある。

游恵遠氏(37)は、宋代家族内における女性の役割と地位について考察され、宋代女性の地位を、責任・義務・自主権という物指しによってはかっている。女性の地位の高低は、ひとつの家族内において、女性が自らの義務を執行し、身分的権利を得て、自主権をもって行動したか否かにかかっている。必ずしも守節が女権の抑圧、不守節・再嫁が女権の擡高とはいえない。問題はこれらの行為が女性の自主権にもとづいていたか否かにある。父権家族社会においては、再婚の回数の多寡は、女性の地位の高低をはかる基準たり得ない。再嫁とは、ひとつの父系家族から別の父系家族への移動に過ぎず、社会の構造が改変されない限り、女性は男系家族の礼法秩序から抜け出せないという。しかし、游氏が基準とする責任・義務・自主権等は、すぐれて近代的・現代的感覚にもとづく発想であるように思える。かかる物指しを、そのまま宋代の女性たちの行為をはかる尺度とすることが出来るのだろうか。私は、本稿でみて来たさまざまな女たちの行動を、游恵遠氏のいう意味において「自由」とか、「主体的」行為などと解釈するつもりはない。私たちは三従七出等からいったん離れて、宋代の女性の実像を問い直すことによって、専制支配のあり方や、男性原理社会についても、なんらかの視野が開けてくるかも知れない[38]。

陳東原氏は、宋代婦女に対する貞節観念を㈠宋初五十年、邵雍まで、㈡五十年から七十年、王安石まで、㈢二程以後、南宋までの、三期に分け、厳格化したのは第三期とされ[39]、陳顧遠氏は「再醮の婦を軽視するのは宋以後甚だし[40]」と考えられている。両者ともに儒家士大夫思想に基づいていることは言うまでもないが、貞節観念において、宋代を変化の時期とみている点では共通している。これが、家族における女性の位置にどのような変化をもたらしたか、今後の課題であろう。最近では、夫馬進氏は、明代にかけて、立嗣権や逼嫁――再婚強制――において、寡婦の地位が低下したと変化を想定されている[41]。裁判を通してみてきた女性のあり方を、宋代の政治・社会の中にどのように位置づけたらよいのであろうか。またそれは、明清に向けてどのように展開して行ったのであろうか、今後の課題として残さざるをえない。

註

（1）山内正博「『旧唐書』の「列女伝」と『宋史』の「列女伝」」『宮崎大学教育学部紀要』、社会科学二九号一九七一は、両列女伝の現代語訳。
（2）『河南程氏遺書』巻二二下。
（3）丹喬二「宋代の小農民家族と女性」、『研究紀要』二〇号、日本大学人文科学研究所　一九七八。
（4）同右、註（3）丹氏論文一〇六頁。
（5）『唐律疏議』・『宋刑統』巻一四、戸婚律和娶人妻「七出義絶和離」。

（6）「宋代における義絶と離婚・再嫁」、原載『慶祝鄧広銘教授華誕論文集』河北教育出版社一九九七、本書所収。
（7）滋賀秀三『中国家族法の原理』創文社一九六七　四七六頁以下参照。
（8）下見隆雄『儒教社会と母性――母性の威力の観点でみる漢魏晋中国女性史』一九九四、『孝と女性のメカニズム』一九九七、両書とも研文出版。
（9）『名公書判清明集』については、高橋芳郎「『名公書判清明集』」、滋賀秀三編『中国法制史』東京大学出版会一九九三、陳智超「宋代研究的珍貴史料」、『名公書判清明集』下、中華書局一九八七所収、参照。
（10）大沢正昭『主張する〈愚民たち〉』角川書店一九九六、一四七・二一六・二二〇頁他。
〔追補〕大沢氏は「女の言い分」に関して殆んど「懲悪門」にのみ依拠して結論を急ぎすぎた感がある。その後、『『清明集』の女たち―夫婦関係の諸相」（『月刊しにか』一九九九・一一）において、巻一〇人倫門の史料にもとづき、「そこに登場する女たちの活躍には目を見張るものがある」と、宋代の女性像を見直されている。
（11）大沢正昭「『清明集』の世界――定量分析の試み」『上智史学』四二、一九九七。男女比について、女性は一割余とされているが、基準のたて方によっては、女性の比率は、より高くなるものと思われる。
（12）曾鞏『元豊類稿』巻一七禿禿記にもある。
（13）「妾」については、註（7）滋賀著書五五一頁以下、Ebrey P.B. “Concubines in Sung China” Journal of Family History 11-1, 1986.
（14）官僚に対する刑については、梅原郁「刑は大夫に上らず――宋代官員の処罰――」『東方学報』六七号、一九九五、高橋芳郎「宋代の士人身分について」『史林』六九―三、一九八六、苗書梅「宋代官員黜降法初探」『宋史研究論文集』河南大学出版社一九九三等。
（15）勘杖については、川村康「宋代折杖法初考」『早稲田法学』六五―四、一九九一。

（16）検校とは、官が孤児の財物を検校庫に保管し、養育の費とすること。加藤繁「宋の検校庫に就いて」『支那経済史考証』下　東洋文庫一九五三。
（17）この配分については、若干問題がある。高橋芳郎『名公書判清明集』巻七戸婚門訳註稿、『北海道大学文学部研究科紀要』一〇三、二〇〇一年、一七一頁註②。
（18）註（7）滋賀著書四七六〜四七八頁。
（19）註（3）丹論文一〇六頁。
（20）柳立言「浅談宋代婦女的守節与再嫁」『新史学』二―四、一九九一、五一頁。
（21）『清明集』巻九離婚「已に成婚して夫移郷編管せられし者は離を聴す」。移郷編管とは、殺人等の重罪犯が、罪一等を減じられて他所に配流されること。梅原郁訳注『名公書判清明集』同朋舎出版一九八六、三七〇頁註（1）。
（22）註（5）史料、『清明集』巻九戸婚門　離婚「婚嫁皆な条法に違う」にも引用されている。
（23）註（5）史料　巻一「拾悪」の第七に不孝が数えられている。
（24）羅大経『鶴林玉露』巻二　范旂叟の言。
（25）『清明集』巻一〇　人倫門　孝に、真西山の書判として「親に孝なる者は、当に勧むべく、親に不孝なる者は、当に懲すべし」条にも引かれている。
（26）「割股」については、小林義広「宋代の割股の風習と士大夫」『名古屋大学東洋史研究報告』一九、一九九五。
（27）註（8）下見著書。
（28）『折獄亀鑑』巻二釈冤下「王罕訊狂」、『宋史』巻三一二伝にもある。
（29）『折獄亀鑑』巻二釈冤下「蔡高宿海」にもある。

（30）註（10）大沢著書一四〇～一四一頁。

（31）宋元筆記叢書　上海古籍出版社一九八三所収本による。

（32）王安石『臨川集』巻九九～一〇〇、葉適『水心文集』巻一三等の墓誌銘。なお、士大夫の女たちについては、陶晋生・鮑家麟「北宋的士族婦女」鮑家麟編著『中国女性史論集』四集　稲郷出版社一九九五。鄧小南「宋代蘇州士人家族中的婦女」北京大学『婦女問題第三届国際研討会論文集』一九九四所収等他。

（33）『朱文公文集』巻一四奏箚「戊申延和奏箚」。

（34）『清明集』巻六戸婚門　争田業「王直之・朱氏地を争う」。

（35）同右　巻七　戸婚門　立継「立継拠有れば、戸絶と為さず」。

（36）裁判における情・理・法、「酌情拠法」については、滋賀秀三『清代中国の法と裁判』創文社一九八四、二一六三頁以下。佐立治人「『清明集』の〈法意〉と〈人情〉」梅原郁編『中国近世の法と社会』一九九三参照。

（37）游恵遠『宋代民婦的角色与地位』新文豊出版公司　一九九八。

（38）本稿では、裁判手続きについては一切省略したが史料としては、『朱子文集』巻一〇〇「約束榜」、『慈渓黄氏日抄分類』巻七八「詞訴約束」に詳しい。なお裁判に関する研究論文は多いが、いくつかをあげると、宮崎市定「宋元時代の法制と裁判」『東方学報』京都二四、一九五四、『宮崎市定全集』巻一一、岩波書店一九九二、赤城隆治「南宋期の訴訟」・草野靖「健訟と書鋪戸」共に『史潮』新一六、一九八五、高橋芳郎「務限の法と茶食人」『史朋』二四、一九九一、石川重雄「南宋期における民事訴訟と番訴」『立正史学』七二、一九九二。楊廷福・銭元凱「宋朝民事訴訟制度略述」『宋史論集』中州書画社一九八三、戴建国「宋代刑事審判制度研究」『文史』二四、一九八八、陳智超「宋代的書舗与訴詞」『劉子健博士頌寿記念宋史研究論集』一九八九、郭東旭「宋代之訟学」漆侠主編『宋史研究論叢』河北大学出版社一九九〇、等参照。

（39）陳東原『中国婦女生活史』一九二八、上海文芸出版社一九九〇　一二九頁以下。
（40）陳顧遠『中国婚姻史』一九三六、上海文芸出版社一九八七　二二八頁。
（41）夫馬進「中国明清時代における寡婦の地位と強制再婚の風習」前川和也編著『家族・所帯・家門』ミネルヴァ書房一九九三。註（5）史料、戸婚律に「諸そ夫の喪服除して志を守らんと欲すれば、女の祖父母・父母に非らずして、之れを強嫁する者は徒一年」と、すでに唐律に強嫁がみえている。
（追補）青木敦「健訟の地域的イメージ」『社会経済史学』六五―三、一九九九、柳立言「宋代的家庭糾紛与仲裁―争財篇」『中国近世家族与社会学術研討会論文集』一九九八、柳立言「宋代司法中的女性―女児的法律権利和責任」中央研究院歴史語言研究所等、多くの示唆を与えてくれる。なお、大沢正昭氏は、「唐宋変革時期的婚姻与家族」中華民国史専題論文集第五届討論会二〇〇〇年一二月においてこの問題の背景として唐宋変革期における家族制度の変化を想定していられる。

（『論集中国女性史』吉川弘文館一九九九）

宋代における義絶と離婚・再嫁

はじめに

杜芳琴氏は、元代、夫婦間における義を、守節・殉夫・免辱の三者とし、不義を、再嫁して故夫を忘れることと規定した。義とは、一方的に女性に対して要求された道徳規範であり、かつ、当該社会において、女たちは、実生活においても、かかる規範にしばられていたと考えていられる(1)。しかし、法律上、義絶は、妻に対してのみ課されたのではなく、夫・妻双方を対象として、夫にも課された。いうまでもなく、条件は夫・妻両者の間に大きな格差があり、妻にきびしく、男性優位であったことは明らかであるが、夫が妻の家族に対し、或は妻が夫の家族に対し、それぞれに、殴・殺・姦・詈・傷・害等の行為があった場合、夫、或は妻は義絶として離婚となり、これに違反した者は徒刑を科された。また義には、「夫婦は義を以って合す」、つまり、夫婦は義によって結ばれるものであるから、「義絶ゆれば、則ち離す」という意味があり、義が絶えたと判断されれば、夫・妻いずれも、それぞれに離婚の正当な理由となった。

義絶律は、北宋・南宋を通して現行法として通用したが、その適用は、必ずしも時代を通して、全国一律であったわけではないらしいし、法と現実の間にも乖離があったようだ。本稿では、義絶にかかわらせながら、この時代に女性がおかれていた実状に、少しでも近づいてみようとするものである。なお、関連する研究については、柳立言氏が、中・日・米の詳細な文献目録を作成されているので(2)、是非参照されたい。

一　宋代の義絶律

『唐律疏議』・『宋刑統』(3)巻一四戸婚律、和娶人妻条に、

諸そ、妻に七出・義絶の状無くして、之れを出だす者は徒一年半。七出を犯すと雖も、三不去有りて之れを出だす者は杖一陌、追還して合す。

とあって、七出と共に義絶が離婚の条件としてあげられている。義絶の内容については、右の律文の「疏議曰」として「七出」につづいて記されている。今、これを分かりやすく、Aは夫が妻の家族に対して行っ

た義絶行為、Bは、妻が夫の家族に対する義絶行為の、A・Bに分けて箇条書きにすると、次の如くである。

A ㈠妻の祖父母・父母を殴す。
㈡妻の外祖父母・伯叔父母・兄弟姑姉妹を殺す。
㈢妻の母を姦す。

A・B 夫・妻の祖父母・父母・外祖父母・伯叔父母・兄弟姑姉妹を相殺す（相互に相手方を殺す）。

B ㈠夫の祖父母・父母を殴詈す。
㈡夫の外祖父母・伯叔父母・兄弟姑姉妹を殺傷す。
㈢夫の緦麻以上の親と姦す。
㈣夫を害せんと欲する者。

等を義絶と称した。義絶は、妻に対してのみではなく、夫・妻両方を対象とした。勿論、夫・妻対等ではない。A㈠では、夫の「殴」が、B㈠では、妻の「殴詈」となって「詈」が加わり、Aの㈡の「殺」は、B㈡では殺傷となって「傷」が加えられている。「姦」についても、A㈢では、夫の「姦」は、妻の母に限られているのに対し、B㈢では、夫の緦麻以上の親と、大幅にひろげられ、B㈣は夫側Aにはない。「夫を害せんと欲する者」とは、夫を罪に陥れんとすることを言い、殴ること等は含まれないと言う(4)。更に、妻に対しては、「未だ門に入らずと雖も、亦た此れに従う」と、結婚前、婚約中にまで拡大適用された。義絶を犯すものは、夫妻共に強制的に離婚させられ、これに違反すれば徒一年の罰が科されることになっていた。上にみたように、妻に七出・義絶の状がないのに離婚した夫には徒一年、七出があっても、三不去があれば、夫は杖一百、妻はつれ戻された。これは、夫の勝手な離婚に対して、一定の歯どめがかけられていたと見ることが出来よう。義絶律は、夫と妻の間に、大きな格差があったが、夫の妻の家族に対する、また、妻の夫の家族に対する、夫・妻双方に対する規制であった。これは、一夫一婦を基本とする「家」の問題として考察すべきであるが、本稿ではふれない。滋賀秀三氏は、義絶とは「婚姻において、夫妻個人の関係よりも男女両家の関係を重視する意味をもった顕著な規定として注目されるところである(5)」と言われ、柳立言氏も「義絶は、夫の妻の家族に対すると、妻の夫の家族に対する殴殺と姦非等は、やはり家族の利益に関するもので、法律に由り離異を強制される(6)」と言われている。

二　義絶律の適用

かかる義絶律が、宋代社会において、現実にどのように運用され、機能していたのであろうか。北宋、沈括『夢渓筆談』巻一一官政一に、

近歳、邢・寿両郡、各一獄を断ず。法を用うるに、皆な誤てり。刑曹の駁する所と為る。寿州に、人の、妻の父母・昆弟数口を殺す有り。州司、不道を以って、妻・子を縁坐せしむ。刑曹駁して曰く。妻の父母を殴るは、即ち是れ、義絶なり。況んや、其れ謀殺は、当に復た、其の妻を坐せしむるべからず。

といって、寿州で起こった殺人事件に対し、州司が不道[7]の罪で妻を縁坐せしめたのは誤断であり、妻の父母を殺したのは義絶にあたるとして、妻子の縁坐を認めなかった。上述、義絶律A㈡に該当する。義絶律は生きた法であった。南宋末・元初の周密『斉東野語』巻八「義絶ゆれば、合に離すべし」については、莆田の楊氏が、父親が、息子とその嫁の不孝を訴えたことに関して、

父子は天もて合し、夫婦は人もて合す。人の合するは、恩義虧くる有れば則ち已む。法に有りては、休離は皆な還合を許す。而れども、独り義絶のみ許さざるは、蓋し、此の類を謂う。況んや両下相殺すは、又た、義絶の尤も大なるものなるか。

といっている。離婚はもとへ戻すことが出来るが、義絶は復縁を許されなかった。夫婦とは、人と人とが恩義によって結ばれたものであるから、恩義が欠ければ、終りだという。上引、義絶罰則の「議」に、「夫妻は義もて合す。義絶ゆれば則ち離す」とあるのを引継いだものであろう。南宋、陳傅良『止斎文集』巻四四に「桂陽軍、百姓に告諭するの榜文」があり、夫婦律として、上引、妻に七出・義絶がないのに、妻を離婚、また七出があっても、三不去があるのに離婚した場合の法規定が、そのまま告諭文に引用されている。

三　義絶の実態

北宋・南宋社会を通じて、義絶律は現実に生きた法であった。特に、義絶は離婚にかかわる問題であっ

た。その実態はどのようであったのだろうか。

朱熹の女婿でもあった黄榦の『勉斎集』巻三三に「京宣義、曾岀叟の妻を取りて帰葬するを訴う」という訴訟に対する黄榦の判語がある。長文であるが、次の如くである。先ず、訴えたのは、京宣義（郎）、妻周氏の帰葬を自分のもとで行おうとして、使軍を経て陳詞した。これを受けたのは、周氏の兄、周司戸と、周氏の最初の夫の子曾岀叟である。

今、看詳するに、周氏初め曾氏に嫁し、趙副将に再嫁し、又た、京宣義に再嫁するは、則ち、周氏曾家に於いて義絶す。既に京宣義の妻と為り、則ち其の死するや、当に京氏に帰葬すべきなり。然れども、其の歳月を考するに、京宣義、開禧二年（一二〇六）十一月、周氏を娶りて妻と為すを以って、次年八月、娶りて隆興府に帰す。経して両月に及び、周氏、京宣義の嬖妾を溺愛するを以って、遂に曾家に逃帰す。自後、京宣義池陽丞に赴くも、周氏復た随して往かず。去年八月間に至りて、周氏身死す。

京宣義、周氏と夫婦と為りて、僅かに一年に及ぶのみ。反目して相顧みず。既に嬖妾に溺し、復た伉儷の情なし。又た、其の妾を携えて官に之き、周氏を曾岀叟の家に棄して凡そ四年、又た、豈に復た、夫婦の義有らんや。周氏曾家に於いて固より義絶と為り、而して、京宣義の周氏に於けるも亦た、夫婦の義有らず。京宣義をして、周氏に果たして夫婦の義有らしめば、則ち、応に、嬖妾に溺して正室を棄つるべからず。又た、応に、周氏を曾岀叟の家に棄つること数年、其の妾を携えて以って官に之くべからず。生きては、之れを棄てて顧みず、死すれば則ち、奪うに帰葬を以ってせんと欲するは、此れ、豈に、死すれば同穴の至情に出でんや。特に曾嵓叟の家を掻擾し、装奩誣頼を以って因りて以って利と為さんとするのみなり。此れ豈に、士大夫の当に為すべき所ならんや。其の説、以って、始めは乃ち、趙副将の妻を娶り、応に、曾嵓叟占留して、以って葬すべからずと為すは、独り、周氏の京宣義に嫁するは、乃ち、曾家より出嫁し、其れ、京宣義の妾を避けて帰するや、亦た曾家に帰するを思わず、豈に、以って、曾家と干渉無しと為すを得んや。周氏は曾に於いて、固より義絶と為す。法に在りては、「夫、出外して三年帰らざれば、其の妻改嫁を聴す」。今、京宣義、周氏を棄てて去り、亦た絶す。義を以って之れを断ずれば則ち、両家皆な義絶と為すも、恩を以って之れを処すれば、則ち、京宣義は周氏に於いて、絶えて夫婦の恩無く、而して、曾氏母子の恩は則ち、未だ嘗て替わらざるなり。京宣義は公相の子孫、名仕版に在り。まさに閭巷の態を為し、妄りに詞訴を生ずべからず。

という。京宣義は妻周氏の帰葬を求めて訴えを起こしたが認められず、帰葬は曾嵓叟の手に帰した。

周氏は、はじめ曾氏に嫁し、次いで趙副将に再嫁、更に京宣義に三嫁した。周氏が三度目の夫京宣義と暮らしたのは、わずか一年。それも実質、結婚後わずか二か月ばかりで、夫は嬖妾を囲い、これを溺愛した。周氏はこれに抗して、息子曾嵓叟のいる、最初の夫の家、曹家に帰った。京宣義が池陽県丞に赴任しても、夫に随って任地に行かず、京宣義は、妾をつれて任地に赴いた。周氏は四年間放置されたまま、曾家で死んだ。かくて、京宣義が、帰葬を求めて訴えを起こし、曾嵓叟との争いになったのである。周氏が、最初の夫曾氏に対する義絶と、京宣義が周氏に対する義絶と、二つの義絶が存在する。周氏の義絶とは事実関係がよく分からないが、曾氏に背いて趙副将に再嫁したことにあるものと思われる。

柳立言氏は、従来、研究者の間で、改嫁と再嫁が混用されてきたことを批判され、両者を区別された。改嫁とは「離婚改嫁」で、夫が妻を離婚、或は、妻子が主動的に離婚した場合のこと、再嫁は、「夫死再嫁」の意であると言われて、再嫁を、夫の死後の守節にかかわらせて考察された[8]。しかし、宋代史料をみると、夫の死後、再婚した場合を、改嫁といっている例は少なくなく[9]、必ずしも両者は、明確に区別されていたとは限らない。宋代、再嫁は容認されていたし、史料にも頻出する[10]。一般論としては義絶の原因が再嫁にあったとは考え難い。とすれば、周氏には生前に何かの不義行為があり曾氏から離縁されたのかも知れないが、事実関係は不明である。

一方、京宣義の義絶とは、蓄妾して、正妻周氏を曾家に放棄して顧みなかったことにある。書判者黄榦は、周氏は京宣義の妻として死んだのだから、理としては、当然、夫たる京宣義の手で帰葬すべきである、とたてまえを述べるが、結論は、帰葬は曾嵓叟のもとで行うべきであるとした。義を以って断ずれば、周氏・京氏ともに義絶である。しかし恩を以って処すれば、京宣義は、妻周氏に対し、夫婦の恩を絶したが、曾嵓叟母子の恩は、未だかつて替わらない、という。京宣義の訴えは却けられ、京宣義は公相の子孫の名族であり[11]、「閭巷の態」のふるまいはつつしみ、妄りに詞訴を起こすな、と説く。

ここに帰葬をめぐって争われている義絶とは、はじめにのべたような、義絶律、つまり、夫・妻相互の、相手家族に対する、殴詈・殺傷・姦等でもなければ、周氏は既に死んでしまっているのであるから、「義絶ゆれば、すなわち離す」にも当たらない。京宣義は、趙副将の妻を娶ったのであって、曾家とは関係なく、曾嵓叟は周氏を占留して葬を行うべきではない、という理もなりたち得る。これに対し黄榦は、「周氏は曾に於いて固より義絶と為す」と言い乍ら、周氏は京宣義に嫁する時も曾家より出嫁しているし、京宣義を避けて帰った先もまた曾家であり、どうして曾家と関係ないと言えようか、と反論する。周氏は曾家から義絶になった。その曾家から出嫁し、しかも三婚である。徹底して夫の蓄妾を許さず、これに抗して戻った先も曾家であり、そこで死んだ。周氏の曾家からの義絶は、義絶となった段階で終ってしまったのだろうか。関係は絶えていない。義絶を女性に対するしめつけと、あまり厳格に考え過ぎると、現実がみえにくくなるかも知れない。義絶は再考を求められているように思える。

黄桂は家道を凋落させた、という理由で、五人の女をもつ妻から離婚を要求された[12]。書判者劉後村は、「黄桂、曾て義絶を犯さず」と言って、義絶が離婚の正当の理由としてあげられているが、結極、義絶を犯していないということが、妻からの離婚要求を否定する力とはならず、判決は妻から出された離婚を承認した。法と現実との間にはかなりのずれがあったらしい。『元史』巻二〇〇列女尹氏によると夫と死別した尹氏が、

婦の行は、一に節のみ。再嫁して節を失うは、妾の為すに忍びざるなり。

というのに対し、

世の婦皆な然り。人、未だ嘗て非と為さず。汝独り、何ぞ之れを恥ずる有らん。

と、姑は嫁に再嫁を強要し、これを拒んだ尹氏は、再婚しないという理由で、列女伝に加えられた。

おわりに

「餓死の事は極めて小、失節の事は極めて大」と言う程頤の言は、小島毅氏によると、祖先祭祀を中心とする家制度の下で、妻の再婚がどのような意味をもっていたか、当時の思想的・社会的文脈の中で考えなければならない。程頤は女性にのみ貞節を求めたのではなく、男性の再婚にも批判的で、夫婦の契りは、男女共に一生に一度だけと考えていたという。(13) 柳立言氏も、程頤は世家大族の出身であり、婦女の再嫁にも反対したが、同時に男性の再娶にも反対したことを指摘し、守節の問題を、士大夫の婦女と、民婦に分けて考察された。(14) 離婚・再嫁に関する法規定や義絶律と、現実の民衆の生活に於ける婦女の行いとの間には、隔たりがあったように思われるし、裁判官の対応も柔軟である。

義絶は北宋・南宋を通じて、現行法として通用したが、実際の適用は多様で、一律に論じることは出来ない。夫妻は義によって合するものであり、義を失えば義絶を犯したことになり、離婚となったが、これは妻だけに求められたわけではない。家族の中で、「夫が妻の祖父母・父母を殴った」り、「妻が夫の祖父母・父母を殴詈した」からといって、義絶律にもとづいて、直ちに、すべて離婚を強制されたわけでもないであろう。滋賀氏は、義絶について、「これは唐律に特有のことであって、時代を通じて変らぬ原則があったわけではない」と言われ、明清律には、唐律の「義絶」に相当する規定は、実質的には存在しないそうである。(15) 国家の法規定や、士大夫官僚層の儒家的たてまえ論、或は、節婦・烈女論、そして義絶等を、宋代社会における女たちの実態に直結してしまう前に、現実の民衆の生活の中から、離婚・再婚その他をめぐって女性たちの実態をさぐり出してみることが求められているように思う。

註

(1) 杜芳琴「元代理学初漸対婦女的影響」『発現婦女的歴史』天津社会科学院出版社一九九六。
(2) 柳立言「浅談宋代婦女的守節与再嫁」『新史学』二ー四、一九九一。
(3) この二書については八重津洋平「故唐律疏議」、岡野誠「宋刑統」、共に、滋賀秀三編『中国法制史』東京大学出版会一九九三所収参照。
(4) 滋賀秀三『中国家族法の原理』創文社一九六七、四九八頁　註(90)。
(5) 同右滋賀著書四七七頁。
(6) 註(2)柳立言論文四九頁。
(7) 「不道」は、十悪の第五にあげられている。人道を無視した悪虐行為。『唐律疏議』・『宋刑統』巻一名例律、拾悪条。
(8) 註(2)柳立言論文四八頁・五二頁。
(9) 「夫死改嫁」の用例を二、三あげておく。例えば、『袁氏世範』巻上、睦親「同居必ずしも金宝を私蔵せず」に、「妻の名を作して産を置くもの有り。身死して妻改嫁するに、挙げて自随を以ってする者、亦た多し」、『清明集』巻四戸婚門　争業上、「熊邦兄弟、阿甘と財産を争う」に、「熊資身死す。其の妻阿甘、已に改嫁を行う」、『梅渓後集』巻二五手札「梁謙の理分を定奪す」に、「梁源死するの時、謙の年、尚お幼し。尹氏夫の物産を典売し、従いて改嫁す」等其の他。

（10）張邦煒『婚姻と社会――宋代』六八頁以下に『夷堅志』より採録した再婚・三婚表がある。黄寛重書評「評介張邦煒《婚姻与社会――宋代》」『宋史叢論』新文豊出版公司一九九三参照。なお、黄寛重氏は『夷堅志』等筆記小説中に記されている女性の再嫁、男性の再娶等の事例には、因果応報的な観念があるから、資料として用いる時には、その他の文集中の碑伝資料と比較しつつ研究する必要性を提言している。

（11）『宋史』巻三九四に、京鏜伝があり、京鏜は紹興二七年の進士、寧宗朝に左丞相、韓侂冑派。この一族か。

（12）『清明集』巻九戸婚門　婚嫁「妻、夫の家貧なるを以って仳離す」。本書「宋代裁判における女性の訴訟」四三頁。

（13）小島毅「婚礼廟見考――毛奇齢による家礼批判――」柳田節子古稀記念『中国の伝統社会と家族』汲古書院一九九三。

（14）註（1）柳立言論文四〇～四六頁。

（15）註（4）滋賀著書四七七～四七八頁。

（『慶祝鄧広銘九十華誕論文集』河北教育出版社　一九九七）

宋代の女戸

はじめに

これまで、宋代の女戸に関しては梅原郁氏が宋代の戸口問題を考察された中で、言及されているが、ただ、氏の論文は、宋代の戸口問題の再検討を意図されたもので、女戸については、全体からみれば取るに足りない数であったといわれて、それほどの意味を与えられてはいない[1]。私は、さきに、南宋の遺産相続における女承分をめぐって、宋代女子の「財産権」について若干の考察を試みたが[2]、本稿では、女子の財産所有に関連する問題を、女戸の視点から考えてみようとするものである。

梅原氏によると、女戸とは「夫もしくは、ある場合には夫の父・祖など、男系尊長の戸主が死亡し、残された妻以外、該当戸に代表すべき成年男子がいない場合に限って出現する、臨時で特殊な戸の称呼[3]」と説明され、滋賀秀三氏は、宋代の「家」における「夫妻一体の原則」を強調され、「夫と別に妻自身の持分というものは存在しない」し、「財産の包括継承と祭祀義務とが不可分に結び付く」が故に、「父を祭る資格を有しない女性」には、財産継承権はないとされた[4]。しかし、一方、滋賀氏は婦人の財産所有についても「婦女の個人財産」の一項をたてて論じられている。「財産権」の問題を、女戸という視点からとらえ直してみると、女戸とは、田土をはじめとする財産所有者であり、政府はこれを主戸として掌握し、戸等の中に位置づけ、両税をはじめとする諸賦課を課している。

『唐律疏議』巻一二、『宋刑統』巻一二　戸婚律、脱漏増減戸口によると、

諸そ戸を脱する者は、家長は徒三年、課役無き者は二等を減ず。女戸は又た、三等を減ず。

とあり、「議曰く」として

率土黔庶、皆な籍書有り。若し、一戸の内、尽く脱漏して籍に付せざる者は、由る所の家長、合に徒三年、……若し戸内、並に男夫無く、直に女人を以って戸と為し、而して脱する者は、又三等を減じ、合に杖一百とすべし。

とある。『文献通考』巻一三職役二にも

凡そ夫有り、子有るは、女戸と為すを得ず。夫、子無ければ則ち、女戸と為し、死すれば絶戸と為す。

土地も戸口も、すべて国の田籍・戸籍に付けられて、籍から脱漏すればすべて罰せられた。夫も男子もい

ない戸は女戸とされ、女戸で籍からの脱漏をはかったものも、三等を減じて罰せられた。これらの律文などによると、女戸は必ずしも「臨時で特殊な戸」と言うよりは、より一般的存在として記されているように思える。必ずしも寡婦であることのみを唯一の条件として女戸が立てられたとは限らないのではないだろうか。

一　戸口統計における女戸

先ず女戸数についてふれておきたい。『文献通考』巻一一　戸口二所引の『中書備対』に、元豊三年(一〇八〇)の戸口統計が記載されている。全国四京一八路の主客合計戸数一四、八五二、六八四、そのうち、主戸は一〇、一〇九、五四二戸あり、その主戸の中の四一九、五二二戸について、

元供弓箭手・僧院・道観・山涇・山団傜・典佃・喬佃・船居黎戸・主客を分かたざる女戸、今並に主戸数に入る。

と註記がある。梅原氏はこの四十一万九千余戸について「これは全主戸数の四パーセントに過ぎず、その中の女戸となると知れた割合として大過ない(5)」といわれている。しかし、これは、女戸総数ではなく、女戸の中の「主客を分かたざる女戸」を主戸に編入した、ということではないだろうか。「主客を分かたざる女戸」とは、具体的にどのような状態の女戸であったのかは理解し難いが、北宋、太平興国四年(九七九)に成った『太平寰宇記』に記載されている主客戸統計中、巻一四河南道済州について、

主　戸	一四、一九一	
客　戸	二、八四三	
孤老女戸	六、二一七	

とある。「孤老女戸」は、主戸にも客戸にも入れられていない。「主客を分かたざる女戸」には、或は、このような「孤老女戸」の如きも含まれていたかも知れない。この「孤老女戸」が、「孤老と女戸」なのか「孤老の女戸」なのかは分からないが、私はどちらかといえば、後者に理解したい。この「孤老女戸」数は、客戸の二・二倍もある。『太平寰宇記』は、全国各州毎に主客戸別統計を記載しているが、済州以外はすべて主・客戸みので、主・客からはずれた「孤老女戸」の如き記載は見当たらない。何故、済州のみにかかる女戸が記録されているかは不明であるが、他州に女戸が皆無だったとは考えられない。「主客を分かたざる女戸」とか「孤老女戸」等以外の女戸は、始めから主戸に編入されていたと考えたい。数字的には確認出来ないが、たしかに女戸は少なかったであろう。(6) しかし、以下に述べるように、王安石が新法政策の中で寺観・単丁戸・官戸などと並んで助役銭の対象として女戸を取上げたのも、取るに足りないほどの少数ではなかったためではないかと考えられる。

二　女戸と戸等

先ず、女戸が田土その他財産所有の主体として、主戸として戸等制に組込まれ、国家の賦課を受けていたことについて確認しておき度い。主戸はいうまでもなく財産を所有し、主戸籍に付けられ税役を負担した。国家は、その所有財産の多寡に従って、都市は十等、農村は五等に戸等化し、上下に格差を設けて人民支配の基準とした。戸等制支配である。(7)梅原氏も指摘されているように、女戸が宋代の史料にあらわれるのは、王安石の募役法に関する場合が多い。熙寧三年(一〇七〇)差役法に代わって募役法がたてられると、従来、役のなかった戸にも、新たに助役銭が課されることになった。『続資治通鑑長編』(以下『長編』と略す)巻二一五熙寧三年(一〇七〇)九月乙未条の割註に、免役銭について、蔣静の「呂恵卿家伝」を引いて、

卒に差役法を罷め、当役の人戸をして、等第を以って、均出せしむ。免役銭と曰う。而して一切、人を募りて役に充て、本役の軽重に随いて銭を以って、之れに給す。其れ坊郭の等第戸、及び未成丁・単丁・女戸・寺観・品官の家、旧と色役無き者も、皆な等第を以って均出せしむ。助役銭と曰う。

と記されている。これまで役に当たっていた戸は、戸等に従って免役銭を納める他、従来、役のなかった坊郭戸の等第戸・未成丁・単丁・寺観・官戸等と共に、女戸も、新たに助役銭を納めることになった。これらの戸も「等第を以て均出」したというのであるから、女戸もまた財産を所有し、従って、主戸籍に組入れられ財産の推排をうけて、戸等の中に位置づけられていたことが知られる。

戸等の上下に従って助役銭を出させたとは、当然ながら、女戸にも貧富の差があったことを示している。司馬光『温国文正公文集』巻四二「永興軍路の青苗・助役銭を免ぜんことを乞うるの劄子」で、免役銭反対論を展開している中で、

下等人戸、及び単丁・女戸等、従来役無きもの、今、尽く之れをして銭を出ださしむ。是れ、孤貧鰥寡の人、倶な役を免れざるなり。

といっている。「孤貧」とは「単丁にして物力貧乏なる者を謂う(8)」とも説明されているが、ここにいう「孤貧鰥寡」の寡とは、女戸の寡にして貧なる戸のことであろう。司馬光の差役復活論に反対する章惇も「況んや、単丁・女戸は、尤も是れ孤弱(9)」とみているし、蘇軾も、募役法に反対して、「女戸・単丁は、蓋し、天民の窮する者なり(10)」といっている。

一方、富裕な女戸もいた。『長編』巻二五八煕寧七年（一〇七四）十一月丙申条によると、岢嵐軍使西京左蔵庫副使劉琯が一官を降貶され、通判大理寺丞蔣承之が磨勘二年を延期されたが、その理由は、

曠土を根括するに、女戸の戸絶の地千余頃を冒佃するを訟うる有り。推劾実ならず、并びに吏の賕を受くるを察せざるに坐するの故なり。

とある。戸絶の地千余頃という広大な土地を冒佃したという女戸もいたのである。

神宗が没し、司馬光が宰相になると、次々と旧法が復活され、元祐元年（一〇八六）二月丁亥、差役法も復活されたが、旧法と同じではない。『温国文正公文集』巻四九「免役銭を罷め、旧差役に依らんことを乞うるの劄子」には、

若し、猶お、以って衙前戸の力、以って独り任じ難しと為さば、即ち、旧法に依らんことを乞う。官戸・僧寺・道観・単丁・女戸の屋産有り、毎月掠銭十五貫に及ぶもの、荘田の中年に収する所の斛斗百石以上に及ぶ者は、並びに、貧富に随いて等第に分かち、助役銭を出さしむ。此の数に及ばざるは、

放免を与す。其の余の産業は、並な此れに約《したが》いて准と為す。

とあって、衙前の役に堪えられない戸に対しては、引続き免役法に従って助役銭を徴収して援助しようという司馬光の意見である。すなわち、官戸以下単丁・女戸の中で、家賃収入が毎月十五貫以上、荘田収入が平年作で百石以上の戸に対し、貧富に随って戸等に分け、助役銭を出させる。十五貫、及び百石に及ばない戸は免除するという。家賃月収十五貫は年収百八十貫となる。衙前の役に当たる戸は、保証額として家貲二百貫が要求され、二百貫とは中等の家といわれている(11)。百八十貫はそれに近い。一方、平年作百石についてみると、畝収には地域差があるが、「中田畝収一石」(12)といわれている。百石とは百畝の土地所有となり、百畝は、第三等戸の標準的所有面積と考えられている(13)。『長編』巻三八八元祐元年九月癸酉詔に、

諸路坊郭の第五等已上、及び単丁・女戸・寺観の第三等以上にして、旧と免役銭を納むるは、並な与に五分を減放し、余は並びに全放す。仍ち元祐二年より始めと為す。

とあり、差役法復活の下で、女戸は、単丁戸・寺観等と共に、第三等以上の戸は助役銭の二分の一を減放され、四・五等戸は全免となった。女戸も、土地・屋産等の財産を所有し、上下の戸等に格付けされていたことが明らかであろう。

付言すると、同じく王安石の新法の一環として実施された保甲法において、一家に両丁以上いる家は、主・客戸を通じて保甲に組込まれたが、女戸は単丁戸と共に近くの保に付保とされた(14)。保甲に関連して買馬法(15)についても、『長編』巻三四五元豊七年（一〇八四）五月辛酉条に提挙京東保馬霍翔の言として、

民に、物力郷村に在りて、城郭に居するもの有り。之れを遙佃戸と謂う。乞わんと欲す。郷村の保甲・

養保馬、均しく助価を出さしめ、及び、単丁・女戸の見に保甲と等第を同じくする人は、等（第）三等以上自り、推排主養せしむ。官戸の守官外に在り、及び第四等以下の女戸・単丁は、止だ助銭を出ださしむ。寺観の物力有るは、戸に依付せんことを乞う。之れに従う。

とある。保甲で付保とされた女戸は、単丁戸とともに、戸等に従って、保甲・養馬の役をになっている。ここでも三等戸以上と四・五等の間で線引きが行われ、負担差が設けられている。

『慶元条法事類』巻四八賦役門二賦役令に、

諸そ、女戸、寡居等三等以上、男子《壻姪の類同じ》有りと雖も年十五以下は、其の税租の応に支移すべきものは、全戸の半ばを免ず。応ゆる科配は、本戸の一等を降し、第四等以下は免ずるを聴す。

とある。先ず「女戸の寡居第三等以上」を、女戸をすべて寡居と読むか、女戸のうちの寡居と読むか、という疑問がある。私は後者に読みたいが、これについては後述する。寡居の女戸で第三等戸以上は、男子があっても十五歳以下の場合、両税の支移を減半され、科配は戸等を一等下げた扱いにして負担を軽減され、第四等戸以下は免除された。両税の支移も科配もともに、戸等に応じて科される国家的負担である。女戸は、主戸として、戸等制の中に組込まれ、国家の諸賦課をうけた。基本的に第三等戸以上が富戸、第四・五等戸が貧窮戸とされている。それでは、このような女戸とは如何にして立戸されたのであろうか。

三　女戸立戸の条件

『名公書判清明集』巻四戸婚門　争業上「羅柄の女使来安、主母の、撥せられし田産を奪去せるを訴う」は范正堂の判語である。羅柄には税銭五十余貫を納める田産があった。正室に嗣なく、婢来安に生ませた護郎という子が一人いた。羅柄はこれを田舎の平心庵に住まわせ、竜岩の田三千把を撥して、その養育費に充てようとしたが、間もなく護郎は死んだので、此れは羅柄に繳還され、継いで来安も父母のもとへ帰された。そこで、

羅柄の典到せる楊従の戸の田と、併せて上手・契要を以って、付与して業と為し、阿鄒の戸を頓立す。楊従の戸頭楊照の税銭四百五十三文を以って、之れに帰す。事は嘉定九年に在り、省簿の考す可き有り。時に羅柄恙く、未だ嘗て詞有らず。次年、楊従、復た此の田を以って立契、倒祖し、阿鄒に就売す。亦た印契有り。十一年に至り、阿鄒又た自己の銭会を以って、楊従の鄧家坪等の田六号を典し、価銭五十一貫を計し、税九十七文を再収す。阿鄒本戸の両項の税銭、共せて五百五十有一を計す。当職官に到り、条に従いて女戸を起立するを許さず。而して父鄒明を以って之れに替う。十四年秋、已に鄒明を差して苗長一次に充応す。是れ、入る所の産業明らかならずと為さず。収むる所の苗利、久しからずと為さず。羅柄去年纔死し、其の幹人、黄蘊輙ち、状を官に入れ、鄒明の税銭を帰併し、阿鄒の産業を攘奪せんとす。惟に羅柄の与する所のものの規図を行せんと欲するのみならず、而も阿鄒

の自ら置するものも亦た兼并を肆にせんとす。(16)

というのである。羅柄は、楊従から典＝質に取った田を、上手＝もとの証文・契要と共に来安に与えて業と為し、すぐに阿鄒の戸をたてた。楊従戸頭の楊照の税銭四五三文（に相当する田土）も阿鄒の戸に帰せしめた。嘉定九年（一二一六）のことで、戸部の帳簿には証拠の記録がある。当時、羅柄は健在で、どこからも何の文句も出なかった。翌年、楊従は、更にこの田を倒祖―典（質）を売却にきりかえ、阿鄒に売りつけた。嘉定十一年には、阿鄒は、自分の現銭・会子で田を質取りし、税銭九十七文を納める田土を取得した。阿鄒は税銭合計五五一文を納める田産所有者として女戸となった。当職、范西堂がこの地に任官すると、法規に従って、女戸を立てることを許さず、（阿鄒の土地を）父鄒明名儀に書き替えさせた、という。阿鄒とは来安のことで、羅柄はかつての婢のために田土を与えて女戸を立てたのである。立戸の条件は、税銭を納めている田土を取得し、契約書を作成し、官の帳簿に登録して、官印をうけるという手続きを経て、阿鄒の財産であることが公的に確認されて、女戸が立てられている。その中には、阿鄒本人の資金で取得した六筆の田も含まれている。しかも、嘉定九年に、羅柄から「付与されて業と為し」女戸を立戸したあとも、嘉定十年・十一年と二回にわたって阿鄒の所有地の増加が認められ、官は税銭を収めている。范西堂は着任すると、法規に従って女戸の立戸を認めず、阿鄒名儀の田土を父親名儀に書き替えさせた。父親鄒明は、これにもとづいて苗長の役をつとめた。「条に従いて、女戸を起立するを許さず」という、「条」の内容は不明である。前任者との間に「条」の解釈に違いがあったらしい。しかし、立戸のあとも、阿鄒の財産の追加が承認され、何の問題も起きていないのは何故であろうか。阿鄒の「阿」とは、「妻阿廿[17]」の如き用法も多いが、必ずしも妻に付された接頭語とは限らない[18]。羅柄との間に正式の婚姻は成立していないから、帰宗女でもないであろうし、羅柄本人の手によって女戸立戸の手続きがとられているから、寡婦扱いも出来まい。形式的には在室女になるのであろうか。その田土はかつての主人から与えられたものに、自己資金で手に入れた田が加えられている。阿鄒の女戸は、新任の官范西堂によって否定された。条法の解釈に官によって違いがあったのかも知れない。税銭を納入する土地とは、官が所有者として認めたことを意味しよう。前任の官の公認を得て、女戸として立戸された事実は否定出来ず、立戸の条件は土地所有者にあったようだ。寡婦ではない女戸が存在し、女子も、土地所有の主体として立戸し得た、と考えたい。

『清明集』巻三　賦役門　差役「宗女の夫を以って蓋役す」も范西堂の書判で、差役逃れのために女戸をたてたはなしである。

照対するに差役の法は白脚を以ってす。今立てて趙八郡主と作し、升して百戸と為す。知県定差するは、是れ婦人は夫に従うを謂う。若し、宗女を以って編民の戸役を蓋蔽せんと欲すれば、世に此の条なし。之れを役法に通暁するに非ざる者と謂う可からず。其の後、趙氏陳訴するに、提刑司行下せる「女戸を間立し孤遺を撫恤するの文」を備録するは、意、脱免に在り。……当に趙氏未だ鄭読に嫁せざるの時、孤遺固より当に念ずべし。女戸固より当に立つべし。今、既に夫に従い、其の戸猶お是れ趙八郡主のごときは、其の意、猶お官司の恤孤を欲し、嫁する所の夫、将に何の用為るかを知らず、具する所の法、何条を引用するかを審かにせず。

というのである。宗室の女趙八は、鄭説と結婚後も女戸として差役を免れようとした。未婚であれば条法にもとづいて、女戸を立てることが認められた。恐らく、百戸として相応の財産所有にもとづくものであろう。女戸は寡婦とは限らないようである。

南宋初め、中興随一の賢相と称された趙鼎は、『忠正徳文集』巻一〇に、紹興甲子歳(一一四四年)四月一五日付親書として『家軒筆録』を残している。全三〇項目にわたるが、その第二七項に、次の如く記されている。

三十六娘は、吾れの鍾愛する所なり。他日吾れ百年の後、紹興府租課内に於いて、米二百石を撥して嫁資に充て、仍ち、県を経して投状し、改めて戸名を立てん。

という。趙鼎は、南宋初期、政治的混乱の中で前後二回宰相となったが、秦檜と対立し、禍いの子孫に及ぶのを恐れ、紹興十七年「遺言を其の子に属し、帰葬を乞い、遂に食わずして死した[19]」という。その時の遺嘱である。紹興府にある土地から上がる租米の中から二百石を嫁資として愛する娘に与え、県に書状を提出——然るべき手続きをとって——「改めて戸名を立てん」という。この「改立戸名」とは、女戸を立てることを意味しよう。租米二百石を嫁資として戸名を立てるとは、嫁資が女子の財産として認められ、所有の主体として女戸を立て得たという社会的背景があって、かかる遺嘱も成立ち得たのではないだろうか。三十六娘は明らかに在室女である。

王安石の新法の一つとして行われた募役法は、その後、郷役は、保正副が耆長に代わり、大保長が戸長に代わって差役化した[20]。そのため、これらの役を忌避して、就役を免除されていた官戸・僧道・女戸等に逃げ込み、詭名析戸がさかんに行われた[21]。その析戸に詭名女戸が立てられている。『宋会要』食貨一四―四七免役、乾道九年（一一七三）七月四日条に、次のような記事がある。

詔す。諸路の転運司、部する所の州県に行下し、女戸の、如し、実に寡居に係わり、及び寡居にして丁有る者を将って、条令に依り施行して自り、是れ大姓猾民賦行（役）を避免し、号して女戸無丁と為し、詭名立戸する者あり。即ち、三等自り以上、及び第四等第五等に至るまで、並びに編戸と一等に均敷せしむ。……臣僚の言えるを以ってなり。「大率一県の内、女戸に係わる者は、其の実幾ばくもなし。而して、大姓猾民、賦役を避免せんとし、人吏・郷司と通同して弊を作し、一家の産を将って、析して詭名女戸五七十戸と為す。凡そ科配有れば、悉く蠲免を行う。法を立てて其の弊を革めんことを乞う」と。故に是の命有り。

女戸がもし、真実の寡居及び、寡居有丁戸[22]であれば条令に従って賦役が免除される。しかし、現実には、役を忌避して、一家の産を五〇戸～七〇戸に分割して多数の無丁の詭名女戸が立てられた。政府は、その対策として、詭名の女戸を、三等戸以上と四・五等戸の上下二つに分け、負担の軽重を設けて、すべて一般編戸と同じく賦役を均敷することとした。詭名女戸は、財産所有にもとづいて立戸されたとみてよいであろう。いうまでもなく詭名析戸は違反行為である。にも拘わらず、上述したように、所有財産にもとづいて女戸の立戸が容認されたとすれば、詭名の女戸も成立し得ることになろう。政府は詭名女戸を法律違反として禁止し、もと通り一戸にまとめ戻すのではなく、五〇～七〇戸に分析された詭名の女戸をそのまま容認し、各女戸の財産の多寡に従って戸等化し、戸等の上下に従って編戸と同様に賦役・科配を賦課するという処理で対応した。詭名女戸は、財産所有者で、国家の賦課を受ける主戸として公認されたことになる。かかる女戸は「無丁の女戸」であって、寡居ではない。この段階において、女戸は、「寡居及び寡居有（未成）丁」の女戸と、「女戸無丁」と号する女戸（詭名）の二者があったことになろう。とすれば、上引、『慶元条法事類』巻四八の「諸そ、女戸寡居第三等以上」を、女戸のうちの寡居と解しても、それほど無理とも思われない。女戸がすべて寡居であったわけではないらしい。女戸の基準は財産所有におかれるようになったのではないであろうか。

『両浙金石志』巻一三「紹興府建小学田記」[23]にも詭名女戸の記録が残されている。紹興府山陰県感鳳郷に所在する三筆、一三畝三角一〇歩余の田の管業人は丁元二であるが、

覈田職事、都保を挨究するに、是れ、百姓丁元二の産に係わり、詭りて丁千乙娘の立戸と作す。[24]

とあって、百姓丁元二が、丁千乙娘の名儀で女戸を詭名立戸している。丁千乙娘とは、恐らく丁元二の家族か一族で、在室女であろう。立戸の条件は田土の所有である。詭名女戸はかなり行われていたことを推測せしめる。

以上のようにみてくると、女戸の成立にはさまざまな場合が想定される。『夷堅丙志』巻一四「王八郎」によると、富人王八郎の妻は、夫の蓄妾を怒って県に訴え、県は離婚を認めて、夫の財産の半分を妻に与える判決を下した。妻は女一人を連れて「出でて別村に居」した。実家に帰れば帰宗女となるが、この妻は一戸を構えた。離婚[25]による女戸が考えられる。

「法に在りては、父母已に亡く、児女産を分かつに、女は合に男の半ばを得べし」とは、南宋後期の

「女承分」問題として仁井田・滋賀論争が近年また再燃しているが、両親が死亡し、遺産の分割が行われた場合、男子はそれぞれに立戸したであろうが、男子の二分の一の家産分割を受けた在室女はどうなったのであろうか。劉清之『戒子通録』巻六に、高司業の「送終礼」が引かれている。(26)

析居の法は、但だ均平を取り、以って争端を止め、嫡庶の弁無からしむ、此れ律を作る者の失なり。……律に、復た婦は夫の分を承け、女は父の分を承くるの条有り。万一婦人探籌して之れを得ば、則ち、家廟遂に主祀無きなり。

南宋初、紹興年間のことである。「女、父の分を承く」とは、右の「女承分」との関連が考えられる。仁井田陞氏は、この律について、「恐らく南宋の令であって、唐及び宋初行用の戸令応分の条と同じく、南宋にも子（女を含む）が亡父に、又、寡婦が亡夫に代位して家産の分配に与かる規定の存せることを示したものである」(27)と解していられる。父の分を承けた女、すなわち在室女は、その承分の財産によって、女戸を立て得たとは考えられないだろうか。朱熹の弟子、黄榦『黄文粛公文集』巻四〇判語「郭氏、劉拱礼・劉仁謙等田産を冒占するを訴う」条によると、

法を以って之れを論ずれば、兄弟分産の条、即ち未だ嘗つて言わず。自随の産は、合に尽く親生の子に給すべし。又た、自随の産、別に女戸を立つるを得ず。当に其の夫の戸頭に随うべし。

とあって、自随財産で女戸を立てることは、認められなかったというが、逆に裏をよめば、このような法が出されているということは、自随財産で、女戸を立戸するものがいた、と推測するのは、牽強付会に過ぎるだろうか。『文献通考』巻一三職役考「歴代郷党版籍職役」に、慶元五年（一一九九）に続けて臣僚の

言として、

単丁女戸及び孤幼の戸は、並びに差役を免ず。こいねがわくは孤寒存恤する所を得んことを。凡そ、夫有り子有れば、女戸と為すを得ず。夫子無くば則ち生きては女戸と為り、死すれば絶戸と為る。女、人に適し、奩銭を以って産を置き、仍りて夫を以って戸と為す。

とある。

『宋刑統』巻一二戸婚律「脱漏増減戸口」に、女戸について、「議」に、

若し、戸内に並びに男夫無く、直ちに女人を以って戸を為し、而して脱るる者は、又た、等を減じ、合に杖一百とすべし。

とある。仁井田陞氏はこれを解して、「戸内に男子一切なきときは、女子も亦家長たり戸主たり得た[28]」といわれて、「女人」を必ずしも寡婦に限定してはいられないようである。仁井田氏は、更に、右に引いた『文献通考』巻一三慶元五年の「女戸」、或は更に、金元の「女戸主」の史料も引かれて、「女子の中では先づ寡婦（母など）、寡婦のないときは在室未婚女子も亦戸主（家長）となった[29]」といわれている。

おわりに

何故に政府は女戸を立てたのだろうか。寡婦なるが故にのみであろうか。宋代の戸口統計はすべての戸を主戸・客戸に分け、それぞれに主戸籍・客戸籍につけた。政府の編籍の意図は、人民を安定的に税役賦

課の対象として確保することにあった。北宋、神宗朝の人、呂大鈞は次の如くいう。

国の計為るや、保民より急なるは莫し。保民の要は、主戸を存恤するに在り。又た、客戸を招誘して、之れをして田を置かしめ、以って主戸と為す。主戸苟も衆ければ、邦の本自ら固し。今訪聞するに、主戸の田少なき者、往往にして尽く其の田を売り、以って有力の家に依る。有力の家、既に其の田を利し、又た、その力を軽んじて之れを臣僕せしむ。此くの如くなれば、則ち主戸益々耗し、客戸日ごとに益々多し。客多しと雖も転徙定まらず、終に官府の用を為さず(30)。

つまり、主戸を土地所有者として政府の手に掌握し、「官府の用」に供するためであった。客戸も、土地に定着させて、いずれは主戸化して行くために、ともかく、客戸として戸籍につかまえておく必要があった。宋代の戸口統計は、戸数と同時に、丁数も掌握しているが、主客を問わず、身丁税・丁夫等その他、丁をもまた「官府の用」に供する必要があったからである(31)。宋代の戸口統計で、口数が男口のみで、「女口は預からなかった(32)」のは、女口は官府に直接必要なかったためであろう。

しかし、女戸はつかまえた。女戸は、土地その他の財産を所有し、主戸に組込まれ、上下の戸等に格づけされた。女戸は、職役は免除され、両税の支移を軽減されたりはしているが、両税は負担した。王安石は、このような女戸の存在に目をつけて、新たに助役銭を課したのである。このようにみてくると、政府が女戸を立てたのもまた、「官府の用」に供するためだったのではないか。財産所有者であり、国家の賦課の対象となり得る女戸を、支配の外に放置するはずはない。違反行為である詭名析戸の女戸を、政府はこれを禁止してもとの一戸に復元するのではなく、析戸された多数の女戸を、そのまま容認し、編戸として戸等化し、賦役を課しているのは、その間の事情を物語っているものと思われる。かかる女戸は寡居か否かだけが基準ではない。

全戸数からみれば女戸数は少なかったであろうし、また、たてまえとしては女戸は寡婦が多かったであろう。しかし、政府は、寡婦なるが故にのみ、それを唯一の条件として女戸の立戸を認めたのだろうか。

これを宋代女子の「財産権」という視点におきかえてみた時、女戸の立戸の条件は、財産の所有にあったのではないか。寡婦は夫の財を承けた場合が多かったであろうし、離婚で夫の財を受けた妻もいた。在室女は、女子分法にもとづいて父の財をうけ、所有の主体となり得たのではないか。いうまでもなく、その所有権はきびしく制限されている。「法に在りては、寡婦子無く、孫十六歳以下は、並びに田宅を曲売するを許さず[33]」とか、「夫の有する所の産は、寡婦出売すべからず[34]」といわれ、「法に、婦人の財産は、並びに、夫とともに主と為る[35]」とか、上引の如く、「自随の産は、別に女戸を立てるを得ず。当にその夫の戸頭に随うべき」であった。しかし、一方、現実には、再嫁の時、寡婦が粧奩田の自随を裁判で認められた判決がある。妻の家の得る所の財産は家産分割の対象外であったため[36]、夫が妻の名儀で置産するものがあった。夫が死ぬと、「妻、改嫁するに、挙げて以て自随する者、また多し[37]」という状態であった。寡婦は夫の財産を承けて女戸を立戸したが、女戸がすべて寡婦であったとは限らない。女子分法によって父の財を承けた在室女も、離婚によって、夫の財を受取った女も、女戸を立て得たと考えたい。滋賀氏は「婦女は既婚未婚を問わず、なにがしかの個人財産を所有し得、また所有しているのが普通」といわれ、「婦女自身の稼ぎ」を考察されている[38]。女戸を考える上で興味深い示唆を与えてくれる。制約つきとはいえ、女子は、田土をはじめとする財産所有の主体であった。このような、女子の財産所有にもとづき、政府は女戸を主戸として戸等制の中に組込み、両税をはじめとする諸賦課の対象として行ったのであろう。

註

（1）梅原郁「宋代の戸口問題をめぐって」『東方学報』六二号、一九九〇。
（2）「宋代女子の財産権」本書所収。
（3）註（1）梅原論文三八七頁。
（4）滋賀秀三『中国家族法の原理』創文社、一九六七　一三四頁・四一五頁以下、四五九頁等。
（5）註（1）梅原論文三八九頁。
（6）『宋会要』食貨一四免役、乾道九年七月四日条に、「おおむね一県の内、女戸に係わる者、その実幾んど無し」とある。
（7）拙稿「宋代郷村の戸等制」『宋元郷村制の研究』創文社、一九八六所収。
（8）『慶元条法事類』巻四八賦役門二賦役令。
（9）『長編』巻三六七元祐元年二月丁亥条。
（10）『蘇東坡奏議集』巻一「上皇帝書」煕寧四年二月。
（11）周藤吉之「宋代州県の職役と胥吏の発展」『宋代経済史研究』東京大学出版会　一九六二、六六三頁以下参照。
（12）北宋、張方平『楽全集』巻一四「芻蕘論」食貨、税賦に「大率中田、畝収一石、輸官一斗」とある。斯波義信『宋代商業史研究』（風間書房、一九六八）一四七頁、漆俠『宋代経済史』上（上海人民出版社、一九八七）

一三四頁以下参照。なお、「莊田」とあるから、佃租収入かとも考えたが、同じく『温国文正公文集』巻五三「申明役法劄子」に、「十口之家、歳収百石、足供口食。月掠房銭十五貫、足供日用」とあり、自作地の畝収と考えられる。

(13) 拙稿「宋代郷村の下等戸について」註(7)拙著二〇一頁参照。

(14) 曾我部静雄「王安石の保甲法」一九五七『宋代政経史の研究』(吉川弘文館、一九七四)所収。

(15) 曾我部静雄「宋代の馬政」註(14)著書所収。

(16) この判語については、註(4)滋賀著書二〇〇頁以下、梅原郁訳註『名公書判清明集』(同朋舎、一九八六)一五八頁以下参照。なお、この判語を書いた范西堂は、開禧元年(一二〇五)の進士、通判撫州・通判蘄州・広西提刑等に在任中の書判が多い。

(17) 『清明集』巻四戸婚門、争業上「熊邦兄弟与阿甘互争財産」。

(18) 『陔余叢考』巻三八「阿」参照。

(19) 『宋史』巻三六〇張鼎伝、柳立言「従趙鼎『家訓筆録』看南宋浙東的一個士大夫家族」(『第二届国際華学研究会議論文集』一九九二)五一〇頁参照。

(20) 曾我部静雄「南宋の役法」『宋代財政史』(生活社、一九四一)所収、周藤吉之「宋代郷村制の変遷過程」『唐宋社会経済史研究』(東京大学出版会、一九六五)所収。

(21) 周藤吉之「宋代の詭名寄産と元代漢人の投献」一九五五、註(20)周藤著書所収。王曾瑜「宋朝的詭名挟戸」上・下『社会科学研究』一九八六―四・五号もある。

(22) 「寡居有丁」の女戸とは何であろうか。有丁の丁が成丁であれば女戸ではなく単丁戸扱いになるはずである。上引のように、『慶元条法事類』巻四八賦役令によると、「女戸寡居者」には、十五歳以下の男子のいる場合も含まれた。『清明集』巻五戸婚門、争業下「継母将養老田、遺嘱与親生女」には「在法、寡婦無子、孫十六以下、並不許典売田宅」とあり、遡って、北宋中期、蘇軾『蘇東坡集続集』巻一一「上神宗皇帝書」には、「女戸・単丁、蓋天民之窮者也。……此等苟非戸将絶而未亡、則是家有丁而尚幼、若仮之数歳、則必成丁而就役、老死而没官」とある。有丁の丁は未成丁である。女戸は、助役銭に関して、いつも単丁戸と並列して扱われているから、「寡居有丁」の「丁」とは、未成丁と考えておく。付言すると、上引、助役銭に関して、『長編』巻二一五熙寧三年九月乙未条に、「もと色役無き者」の中に、単丁・女戸等と並んで、未成丁が含まれていた。しかし、これは誤りであろう。募役法、免役銭の徴収に関しては賛否両論、数多くの史料が残されているが、「もと色役無き者」で、新たに助役銭徴収の対象となったのは、坊郭戸・官戸・女戸・単丁戸・寺観等であって、関係諸史料には未成丁は見当たらない。

(23)『越中金石記』巻六にも同一記録がある。若干文字の出入がある。

(24)「覈」は『越中金石記』により補う。

(25)宋代に離婚が如何に多かったかについては、張邦煒『婚姻与社会』宋代(四川人民出版社、一九八九)六五頁以下参照。但し、再嫁の問題が中心である。

(26)劉清之は臨江の人、紹興二七年進士、高司業については「明州人、紹興従臣、送終礼三十二篇を作る、此篇戒子」とある。

(27)『唐宋法律文書の研究』五八九頁。

(28)『支那身分法史』四〇〇頁。

(29)註(28)に同じ。

(30)呂祖謙編『皇朝文鑑』巻一〇六。

（31）拙稿「宋代郷村の客戸について」、「宋代の丁税」、註（7）拙著所収参照。
（32）註（1）梅原論文参照。
（33）註（22）所引『清明集』巻五。
（34）『黄文粛公文集』巻三九「張凱夫訴謝知府宅貪併田産」。
（35）『清明集』巻五戸婚門、争業下「妻財置業不係分」。
（36）註（35）に同じ。
（37）『袁氏世範』巻一睦親「同居不必私蔵金宝」。なお、Patricia B.Ebrey 氏は、“Woman in the Kinship System of the Southern Sung Upper Class”（Historical Reflections 8-3, 1981）において、持参財産の意味を積極的に評価し、女の婚家に対し、実家の果たした役割を指摘する。
（38）註（4）滋賀著書五三四頁以下参照。なお秦漢時代のことではあるが越智重明「贅壻」第三節女子の財産（『久留米大学比較文化研究所紀要』九、一九九一）も参考になる。

（『柳田節子先生古稀記念　中国の伝統社会と家族』汲古書院　一九九三）

元代女子の財産継承

はじめに

南宋時代には、きびしい制約下におかれていたとはいえ、改嫁に際しての粧奩財産の自随、戸絶における女子への家産配分、「女は合に男の半ばを得べし」という女子分法の出現等から、私はさきに、宋代には女子も一定の財産権を有し、むしろ明清に至って低下現象が現れたのではないかと推測した(1)。これについては、その後、川村康氏(2)・永田三枝氏(3)から貴重なご意見をいただき、また、板橋真一氏も新しい視点からこの問題を考察された(4)。そこで、本稿では、宋・明間にあって、且つ、異民族支配という特殊な条件の下で、元代に、右の如き諸問題が、どのような状態にあり、どのように変化したのか、しなかったのか、私なりに素描を画いておきたい。

一　改嫁と粧奩財産の帰属

先ず、女子の「随家粧奩財産」についてみると、『元典章』一八戸部四婚姻、夫亡「奩田は夫の家を主と為すを聴す」条に、大徳七年（六）(5)月（一三〇三）、徽州路総管朶児赤の言があり、浙西宣慰司の呈、中書省の咨をうけて、江浙行省で審査された。

随嫁奩田等の物は、今後、応に嫁すべき婦人、生前の離異、夫死して寡居なるかを問わず、但だ、再び他人に適かんと欲するものは、其の元と随嫁の粧奩財産は、一に前夫の家を主と為すを聴す。並に、前の似《ごと》く、般取随身するを許さず。

とある。江浙行省で参詳し、言う所は「相応」であるとして礼部に送られ、「議得」された。「故無く出妻した場合は、此の例に拘せざるを除き」、都省がこの呈咨をうけて照験、施行された。生前の離婚か、夫死後の寡居かを問わず、再嫁を欲するものは、はじめに自随した粧奩財産は、すべて前夫、最初の夫の家のものとなり、以前のように、持去ることは許さない、というのである。

永田氏は、この史料を次のように解されている。すなわち、「滋賀氏が論拠とする『粧奩はみな前夫の家を主と為す』という規定は元代に初めて現れるもので、それ以前には存在しなかった」、「『以前のように身につけて持去ることを許さず』という表現は、それ以前には『搬取随身』が可能であったことを、はっきり示している」、「持参財産の持去りは北宋・唐代以前からずっと存在していた」とこれを無条件でいっきに、唐代にまで遡らせた。[6] 果たして宋代に、持参財産の持去りは自由であったのだろうか。永田氏が、自由であったことを示す史料としてあげていられる『清明集』巻五戸婚門、争業下「継母、養老田を将って、遺嘱して親生の女に与えんとす」をみてみたい。本書でもとり上げたが、かさねて引くと葉氏は蔣森の後妻、蔣汝霖は蔣森の以前からの養子、葉氏は汝霖の継母にあたる。蔣森には二九〇碩の収穫のある田（うち三二碩は生前に売却）を残して死亡、遺産をめぐる争いであるが、葉氏は五七碩の田土を得て養老田とした。この田について、

但し、葉氏の此の田、以って養老の資と為すは則ち可、私自に典売するは固より不可、随嫁も亦た不可、遺嘱して女に与うるも亦た不可なり。何となれば、法に在りては、寡婦に子無く、孫の年十六以下なれば、[7] 並に田宅を典売するを許さず。蓋し、夫死すれば子に従うの義なり。婦人に承分の田産無し。此れ、豈に私自を以って典売す可けんや。『婦人随嫁奩田、乃是父母給与夫家田業、自有夫家承分人、』豈に捲して以って自随すべけんや。」

とある。永田氏は、これを、宋代には随嫁奩田は「承継人の有無に拘わらず持去ることを認められているような判断が見られ」、「持参財産の持去りはかなり一般的現象であったらしい」と読まれている。なお、永田氏の引用は後半の「 」内のみである。

先行する滋賀氏の解釈によると、

㈠「婦人が嫁するに際して持参した土地は父母が与えた〔のであるからしばらく別として〕、夫の土地には当然夫家の承分人がある。よもやこれを持参して改嫁してよいはずはない[8]」

㈡「随嫁奩田ならば持去りうるかのような口吻である」、「むしろ持去り得るとする考え方が当時の識者の一部にあったと思われるふしがある[9]」

と、二通りの解釈をしていられる。永田氏は㈡の方を採択されたようである。しかし、この部分の読みについてみると、滋賀氏も永田氏も、「婦人随嫁奩田、乃是父母給与、夫家田業自有夫家承分人」と、「給与」までで切って読まれている。しかし、このように読むと、「給与」の目的語がないことになる。そこで私は、「乃是父母給与夫家田業、」まで続けて、「婦人の随嫁奩田は、父母が夫の家に給与した田業である。（従ってその田業は夫の家のものとなり）自ら夫の家には承分人がいる。どうして席捲して自随することが出来ようか」と読みたい[10]。このように読むと、永田氏の解釈とは逆になり、「随嫁奩田」は、夫の家の田業にくみ込まれてしまい、持出しは出来ない、という意味になる。永田氏は引用を省略されているが、引用部分のすぐ前には、「法に在りては、寡婦子無く孫年十六以下、並に田宅を典売するを許さず」、「婦人に承分の田産無し。此れ、豈に私自を以って典売す可けんや」など、婦人の田産所有に関するきびしい禁止・規制が記されていて、それに続く文である。前後の文脈から考えても、永田氏のように、この部分だけ「持去り自由」と読むのは不自然であろう。法文上、南宋と元との間に画期を考えられるには史料的にもう少し検討、補強を加える必要があるように思われる。

『通制条格』巻四戸令「嫁娶」に、

大徳三年十一月、中書省御史台の呈、江南行台の咨に、両広は煙瘴の重地なり。比来官員病に染し身死するに、抛下せられし妻妾、他人に改適するに、前夫のあらゆる資財人口、席捲して去る。……其れ妻妾は擅に自ら改嫁するを得ず。如し違犯有らば、断罪して離を聴す。前夫の家、私に勒して陪償せしめ、訟源を絶つは、風俗を厚くするの一端なり。都省准擬す。

とある。これは広南という地域性を考慮に入れなければならないが、南方、両広煙瘴の地に任官した官員が死ぬと、のこされた妻妾たちは、自随の財産どころか、夫の財産・人口等までを席捲して改嫁したという。これに対し、違犯すれば断罪、引離し、陪償等を内容とする改嫁禁止令が出された。上引、大徳七年の、再嫁に際し、粧奩財産の持去りを禁止したのは、この改嫁禁止令の四年後である。法と現実の間にはずれがある。法は必ずしも現実そのものではない。「般取随身」は、元に入っても行われていたし、禁止令は、遡って南宋代にも存在した。「奩田は夫の家を主と為すを聴す」とは、「元代に初めて現れた」のではないらしい。法文上、粧奩の持去りに関して、宋と元の間に明確な変化を読みとることは出来ないように思われる。

粧奩の持去りを考察する場合、粧奩、乃至、妻の財産の帰属の問題がある。すでに唐の戸令に「妻の家、得る所の財は分限に在らず」といわれていて、妻の持参財産は、夫の家の家産分割から除外された。但し、「妻亡没すと雖も、有する所の資財及び奴婢は、妻の家、並びに追理するを得ず」[11]というしばりが設けられている。妻が死ねば、持参財産は夫の家に帰属する。『清明集』巻五戸婚門、争業下「妻の財もて業を置くは分に係わらず」にも、「法に在りては、妻の家得る所の財、分限に在らず」[12]とあり、裁判に際して、現行法として活きていたが、これは、元にも引きつがれている。『元典章』巻一九戸部五家財「弟兄分かれて家産を争うの事」によると、至元十八年（一二八一）四月、彰徳路湯陰県（河南省）の軍戸王興祖の訴状に対する判断に、

旧例、応に分かつべき家財は、官に因り、及び随軍、或は妻の家得る所の財物の若きは、均分の限りに在らず[13]。

とあって、官職に就き、或は軍役に従って得た財産と同様、「妻の家、得る所の財物」も家産均分には組み込まれていない。

改嫁すれば、もと自随の粧奩財産は、前夫の家に帰属したことは、さきにみた通りであるが、死没した時の粧奩の行方については、今の所、確認出来ない。ただ、『元史』巻一〇五刑法四「殺傷」に、

諸子不孝、父其の子を殺し、因りて其の婦に及ぶ者は、杖七十七。婦元と粧奩の物有れば、尽く其の父母に帰す。

とあって、夫の父に殺されるという刑罰事件の下では、粧奩は実家に戻されている。わざわざこのように特記されているのは、推測の域を出ないが、妻が婚家で普通に死んだ場合、唐令と同様、粧奩は夫の家のものとなったのではないだろうか。

なお、上引至元十八年王興祖の訴状に「旧例」とあるが、仁井田陞氏は「或は金令か[14]」といわれ、滋賀氏は「金元時代[15]」とされている。断言は出来ないが、もとをたどれば唐令から出ているのではないだろうか。明清の立法には同種の規定は見当たらないが、それは規定する必要がないほど当然のことであったと

いわれている。[16] 粧奩財産は、妻個人の財産権の問題でもあろうが、同時に、妻の実家と婚家との、家と家との関係として考えてみる必要があるように思われる。

改嫁に際しての粧奩財産の持去り禁止、妻の財産は遺産均分の対象から除外され、妻が死ねばその財産は夫の家のものになる等、妻の財産に関する法は、法として基本的に宋から元へ引きつがれていたものと思われる。

二　戸絶と女承分

『元典章』巻一九戸部五家財「絶戸卑幼の産業」に、次のような条文がある。中統五年（一二六四）八月、欽奉せる聖旨の条格内の一款に節該（節文明該）として、

㈠随処に、若し、身喪して戸絶し、別に応に継ぐべきの人無き有らば〔子姪弟兄の類を謂う〕、其の田宅・浮財・人口・頭疋は、尽く拘収して官に入れ、人を召して、立租、承田せしむ。獲る所の子粒等の物は、通行して文簿を明置し、本管上司に授し〔報じ〕、部に申せしむ〔中書省に転申せしむ〕。

㈡若し、抛下せられし男女十歳以下の者は、親属の托す可き者に付して撫養せしめ、其の須いる所を度りて季ごとに給す。

㈢母の後夫を招し或は携えて人に適く者有りと雖も、其の財産は、亦た官、其の数を知す。

㈣已に娶り、或は年十五以上の如きは、数を尽くして給還す。

(五)若し、母寡、子幼なれば、其の母、非理に田宅を典売し、人口賤を放ちて良と為すを得ず。若し、須らく、合に典売すべきもの有らば、所属を経て陳告し、勘当実を得れば、方に交易を許す。此れを欽め。[17]

とある。戸絶により、未成年男女がのこされた場合の財産処理についての規定が示されている。先ず第一に、戸絶の基本として、戸主が死んで、後嗣がいない場合、一切の財産は没官となる。没官の田土については承佃者を招いて租佃させ、収穫物はすべて官の帳簿に明記、本管の上司に報告させ、更に中書に申告させる。この場合、「応継の人」とは、子姪弟兄等成年男子を意味する。同じく『元典章』巻一九家財「戸絶家産断令」には、中統元年(一二六〇)八月初四日に繫して、同文[18]があり、遅くとも、中統五年より四年早く、戸絶の規定があり、これが元朝の戸絶の基本原則であったと考えられる。第三項に、寡婦がいても後夫を招き、或は、連れ子をして再婚した場合には、その財産——寡婦が夫の分を承けた財産は、官がその財産を「知す」、すなわち、官の管理下におかれた。寡婦がいれば戸絶とはならない。第五項の「母寡、子幼なれば、其母非理に田宅を典売するを得ず」は、上引、『清明集』巻五の「寡婦子無く、孫の年十六以下なれば、並びに田宅を典売するを許さず」を引継いだものと思われる。元になると、「非理」の場合は典売等は禁止されているが、正当な理由があり、官に陳告し、認められれば、交易が許され、宋に比べて条件が緩和されているのは注意する必要がある。

ここで、特に問題にしたいのは、第二項の、十歳以下の男女が残されて戸絶となった場合の女子についてである。寡婦も死んで、親属に撫養を托す人がいれば、男女共に、撫養の費は季毎に官が支給する。[19]その財源は、恐らく、第一項の没官田から得られる「子粒等の物」が充てられたのであろう。男子の場合には、第四項に見られるように、妻を娶り、或は十五歳以上になれば、没官財産はすべて、もとに戻され、従って、戸絶は解除されて、戸が復活するらしく、元の戸絶とは暫定的なものであったらしい。

『元典章』巻一九戸部五　家財「戸絶、女に承継有り」に、先ず、

至元十年（一二七三）七月十九日、中書戸部の来申、耶律左丞下管民頭目張林の申。本投下当差戸金定戸下の人口、節次に身死す。今、金定、壬子年（一二五二）の元籍の口数を将って、照勘するに、身死せるを除くの外、止だ続生の女、旺児十三歳を抛下《のこ》すのみ。伊の母阿賀存するの日、曽つて、王大男に聘与して婦と為さんとするも、媒を立てられず。

とある。耶律左丞下の管民頭目張林の申状によると、耶律左丞の投下の当差戸金定の家族が次々と死亡し、金定も死んで、十三歳の女旺児一人がのこされた。母親阿賀は、存命中、旺児を王大男に嫁がせようとしたが、媒人を立てることが出来ず、旺児は在室女として残され、戸絶となった。生前、金定所有の三頃四十五畝の土地については、

拠前項、抛下《のこ》されし地三百四十五畝に拠いては、官為めに知し、毎年、租賃を理せる課子銭物に依り、金定の女旺児を養贍し、長立成人するを候ちて、女壻を招召して戸を継し、当差せしめ、似《も》って相応と為す。呈を都堂に奉ず。鈞旨、戸部に送り、准擬施行す。

とあり、官が管理し[20]、租佃によって得られた課子銭物によって旺児を養贍した。ここで問題なのは、旺児が成人となるのをまって、女婿[21]を招いて戸を継がせ、当差戸として戸が復活することである。十三歳の女

旺児のみが残されると戸絶となって家産は没官された。女への戸絶財産配分はなかったらしく、没官財産から得られる「課子銭物」によって女は養育され、成人の後に、婿を迎えて立戸、当差戸となり、絶戸は生き返る。見出しにも「戸絶に女の承継有り」とあるように、戸絶とは、完全に絶えてしまうのではなく、継絶子を迎えるのでもなく、在室未成年の女がつなぎとなって、戸を潜在的に継承しているのである。

宋で戸絶になった場合、法令には「およそ、戸絶財産は、尽く在堂諸女に給す、帰宗者は減半[22]」とあって、先ず、在室女に戸絶財産が支給される。また、両親の死後、命継により継絶子を迎えた場合にも、養子と在室・帰宗・出嫁諸女に対する配分率が詳細に定められていて[23]、すべての財産が没官となるわけではない。更に、婿の場合、同じく『清明集』巻七立継「立継拠有れば、戸絶と為さず」によると、

法に在りては、諸そ贅婿、妻の家の財物を以って営運し、財産を増置すれば、戸絶の日に至り、贅婿に三分を給す。

と、三割の財産を受けることは出来ても、贅婿がいても戸絶となる。川村康氏によると、宋代「贅壻および接脚夫への妻家、前夫の家の家産や戸絶産の給与には、あくまで一定の条件が付せられていたのであって、決して嗣子や有分親として当然に家産を承継することはなく、贅壻を妻家の養子として収養・立嗣した事例はついに見出されない[24]」とのことである。滋賀氏が「元代法の宗の理念に対する関心の薄さを示す[25]」といわれているが、元朝が、征服王朝として支配下の漢族に対し、如何に当差戸を拡大、確保しようとしていたか、「女壻を招召して継戸、当差」せしめたのは、何にもまして、当差戸に対する要求の強さを示すものでもあろう。

戸絶と女子の家産配分については、『元典章』巻一九戸部五家財「戸絶家産断例」を見てみたい。長文なので一部の引用にとどめるが、至元八年（一二七一）六月、南京路録事司民戸張阿劉の状告を、河北河南道按察司の申、御史台が尚書省の箚付の来呈として承けた。

先に壬寅年間、故父劉渉川、張士安を招到して養老女婿と作す有り。今に至るまで二十八年、同共に活を作す。壬子年、故有りて父劉渉川身故し、母阿王戸を作し訖り、抄して女戸と作す。丁巳年母阿王身故す。中統四年、本路の官司、阿劉に応当の差発を拘追す。[26]

とある。南京路録事司の民戸、張阿劉が訴えを起こした。すなわち、壬寅年（一二四二）間、父劉渉川の生前に、張士安を養老女壻[27]として迎えて以来、現在に至るまで二十八年間にわたって生活を共にして来た。壬子年（一二五二）に父が死亡し、母阿王が立戸して女戸をたてた。その母も丁巳年（一二七五）に死亡したが、中統四年（一二六三）、本路の官司が阿劉に対して「応当の差発を勾追」して来たことに端を発する。劉家の躯婦陳二姑が、奴婢放良を求め、躯口陳痩児が陳二姑と共に主家の家財を要求して陳告したり、経緯は複雑であるが、結論からいえば、阿劉の夫張士安を養老女壻と認めるかどうかが争点となった。養老女婿が認められれば、女壻が戸を継承して戸絶とはならず、劉渉川の遺産も没官されなかったためであろう。しかし、養老女壻は否定される。母阿王が死んで戸絶となり、その家産配分が定められるが、その間、「身死して戸絶となり、別に応継の人無ければ、官、収養して孤貧を済う……」とか、上述したように、「中統元年八月初四日、欽奉せる聖旨の節文に、随処に、若し、身喪し戸絶となり、別に継ぐべきの人無ければ、其の田宅・浮財・人口・頭疋・数を尽くして、拘収入官す」など、はじめに挙げた元代戸絶の基

本原則が示されている。そして、

劉渉川の抛下せる、あらゆる財産・躯婢を将って、例に依り、三分を以って率と為し、内一分は劉渉川の二女に分かつ。三分と作し、内二分は張士安の妻阿劉に与え、一分は次女趙忠信の妻劉二娘に与う。各人をして籍に依り、まさに差役に当つべきの外、二分は官為めに拘収し、通行開坐す。

という判断が下され、戸絶となった劉渉川の遺産の三分の一が二人の女に、三分の二は没官となる。『宋刑統』巻一二戸婚律「戸絶資産」に

臣等参詳するに、請うらくは、今後戸絶、有らゆる店宅畜産資財は、営葬功徳の外、出嫁女有れば、参分して壱分を給与し、其の余は並に官に入る。

とあり、戸絶財産は営葬費を除き出嫁女がいれば、三分の一を給するという。入官分は、大体三分の二となる。二女と没官との配分率は、宋の規定と関係がありそうである。更に、二人の女に与えられた三分の一は、二対一の比率で長女阿劉と二女劉二娘に配分されている。長女と二女との間の配分差の意味はよく分からないが、省略した本文中に、一旦、下された判断の中に、「劉渉川戸下の田宅は、三分を以って率と為し、一分は女に与えて均分せしむるを除き、余の二分は、官物もて孤貧を収養、済するとは議し難し」とあって、条件によっては、二女の間で半分ずつ均分という分け方もあったらしい。劉二娘は出嫁女であるが、阿劉は張士安の妻といっても、養老女婿を認められなかった家付きの女である。或は、在室女に準ずる扱いとなって、在室女と出嫁女間の配分差なのかも知れないが、推測にすぎず、後考を俟ちたい(28)。

また、二女に戸絶財産を配分した上で、「各人をして籍に依り、差役を応当」せしめている。「各人」と

は、阿劉・劉二娘それぞれにということであろう。分給された財産にもとづいて二女共に当差の籍に付けられたらしい。女戸を立てた母阿王の死後、阿王に課していたと思われる差発を、官は女の阿劉に対して「勾追」し、更に、戸絶となって遺産分割をうけた二人の女には、共に夫がいるにも拘わらず当差の籍に付けたらしい。この史料も女婿による戸の承継があり得たことと、元朝の当差戸増加政策の実態を示していよう。

三　元代の女戸

宋代の女戸とは、田土をはじめとする財産を所有し、主戸に組み込まれ、その財産の多寡に応じて戸等に編排され、両税をはじめとする国家の賦課を負担した。王安石が募役法実施にあたって、女戸に対しても、新たに「等第を以って」助役銭をわり当てたことは、周知の通りである。[29]元ではどうであったのだろうか。『至順鎮江志』巻三戸口には、民を土著と僑寓に分けて、民戸を詳細に分類しているが、女戸という項目は見当たらない。恐らく民戸の中にくみ込まれていたのであろう。上引、張阿劉の状告によると、劉渉川の妻、阿王は、夫が死ぬと、女戸を立てた。阿王の死後、中統四年、南京路の官司が、娘の阿劉に対し、「応当の差発を勾追」してきたとあるから、この差発は、母、阿王の女戸に対して課されていたものであろう。『元典章』巻一九戸部五家財「寡婦子無ければ夫分を承く」[30]という項がある。至元八年（一二七二）四月、尚書省、戸部の呈する楊阿馬の状告に拠ると、小叔楊世基、故夫楊世明下の元と抛下せる家財房屋、並びに女闌楊を将って、又、陳住児を収継して妾と為せるを将ってす。公事本部議得す。寡婦子無ければ、合に夫の分を承く。楊世基要めし楊世明一分の財産、並びに陳住児、擬りて合に阿馬に追付して収管せしめ、及び蘭楊は伊の母と同居せしむ。

寡婦楊阿馬は、「夫の弟楊世基が、亡夫楊世明がのこした家財房屋、及び女の蘭楊をとり、及び陳住児を収継して妾とした」と訴えた。本部の判断は、「寡婦子無ければ、合に夫の分を承くべし」の条法に従って、楊世基が奪おうとした楊世明の遺産、及び陳住児を阿馬に収管させ、女蘭楊もとりもどして母と同居させた。訴えはすべて認められた。更に楊阿馬は「例によって、当軍の人を津済することを願い[31]」、受入れられた。楊阿馬は寡婦となって、亡夫の財産をうけとり、戸を構えて娘と同居し、貼軍戸となった。女戸を立てたと考えられる。『元史』巻二〇〇　列女伝には、

趙孝婦は徳安応城の人なり。早くして寡、姑に事えて孝、家貧にして人に傭織せられ、美食を得て必ず持帰して姑に奉じ、自らは粗糲を啖いて厭かず。

とか、同じく巻二〇一には、

秦閏夫の妻柴氏、晋寧の人なり。閏夫の前妻一子を遺す、尚幼なり。柴氏鞠すること己れに出づるが如し。未だ幾くもあらずして、柴氏子有り。……閏夫死し、家事日ごとに微なり。柴氏辛勤紡績し、遺れる二子を就学せしむ。

等列女が記されているが、寡婦趙孝婦は、傭織によって貧しい家計を支え、秦閏夫の妻柴氏も、寡婦となって、紡績で生計を立て、継子と自分の子と二子を就学させたという。寡婦がいれば戸絶とならず、両者共

に、女戸を立てた可能性が考えられる。

『元典章』巻一七戸部三、籍冊「戸口条格」至元八年三月、「諸王公主駙馬並びに諸官員戸計」に、中統元年詔書内の一款に、節該す。諸路、あらゆる漏戸、并びに、老疾・女戸は、日を截して、並びに本路管民官に分付して収係を行う。其れ断事官元と差せる頭目は尽く罷去を行う。

とある。中統元年（一二六〇）とは、世祖フビライが自立し、戸籍科差条令が定められた年である。諸王・公主等モンゴル貴族に対する分封政策に更えて中央集権化が推進されていた。諸路のあらゆる漏籍戸・老疾・女戸等を日を定めて各路に分付し、管民官がこれを収係し、その管轄下におくことになった。管民官とは「達魯花赤を除く路・府・州・県の諸官吏のことで、総管・知府・州尹・県尹・同知・判官などの官、および……胥吏[32]」のことであるという。女戸が各路府州県下に一般的に存在し、地方官の支配下におかれていたことが知られる。これらの女戸は上述したように、当差戸として差発をうけ、中には貼軍戸もあった。

おわりに

以上のべてきたことをまとめておくと、元代、寡婦の改嫁[33]にあたっては、少なくとも法のたてまえとしては、粧奩財産は前夫の家に帰属し、持去りは認められていない。これは「自随の産は夫の戸頭に随い、夫の産と為す」という、宋代の法を引きついだものであろう。また、妻の財産は夫の家の財産には組み込まれず、家産分割の対象にはならなかったし、夫が死ぬと、寡婦は夫の財産を継承して女戸をたてたらしい。宋代、女戸は、財産所有者として戸等に組み込まれ、両税、助役銭等を負担した。元でも女戸は国家の差発をうけ、貼軍戸ともなった。これらは、いずれも、基本的に宋制を継承し、法的に宋元間に大きな変化はなかったものと思われる。戸絶における財産の没官分と、残された女子への配分の比率、或は、諸女間の配分比率などは、史料の不足も手伝って、宋の如き詳しいことは不明であるが、一定の宋制の継承が想定される。

しかし、戸絶の概念は宋と同じではない。当差戸金定の死後、未成年の女旺児一人が残されると、戸絶となって財産は官の管理下におかれた。官が女を養育し女の成人をまって女壻を迎えて戸を復活し、当差戸とする。未成年女子がつなぎとなって、女壻が戸を継承しているのは、宋代には見られない。阿劉が訴状の中で夫張士安が養老女壻であることを主張しているのも、女戸を立戸した母阿王が死んで絶戸となった戸を、女壻によって復活しようとしたのであろう。結局は、戸絶となり、国家は、結婚している二人の女に戸絶財産の三分の一を配分しているが、宋制を受けたものと考えられる。

以上、推測をまじえながら考察してきたが、元朝においては、詳しいことはよく分からないが、女子の財産継承は、基本的に宋制を引きついだと考えられる。しかし、「母寡子幼」の場合、正当な理由があれば田宅の典売を認められたのは、宋制に比べて緩和されているし、「戸絶に女子の承継あり」といわれて、未成年女子が潜在的に戸を継承した。元朝にとっては、中国的な「宗」の継承の観念よりは、当差戸の拡大、確保の方が重要であったらしい。モンゴル異民族支配下におけるかかる現象が、明以降女子の財産継承にどのように展開して行ったのであろうか。今後の課題としたい。

最後に、元代婦女の実像について付言しておきたい。元、孔斎撰『至正直記』巻二「浙西風俗」に次のような記事がある。

浙西の風俗、太だ薄きものあり。婦女自ら生計を理め、直に夫と相抗せんと欲す。之れを私乃と謂う。各々掌事の人を設けて、相統属せず。以って升堂入室を致し、漸く不美の事を為す。或は、其の夫、親戚郷隣と往復して之れに餽し、而して妻も亦た之くの如し。之れを梯已と謂う。問信して以って出游赴宴を致し、漸く淫蕩の風を為す。母子の如きも亦た至りて然り。浙東間、或は是くの如き者、蓋し之れ有り。夫れ、婦人は人に伏す者なり。専制の義無く、三従の道有り。今、浙間、婦女夫在る有りと雖も、亦た無きが如く、夫れ、子有るも亦た、子無きが如し。非理に事を処し、習いて以って風を成す。

というのである。夫に抗し、不美・淫蕩の事を為し、夫も子もなきが如くふるまう。およそ、節婦烈女とはかけはなれた女たちの姿である。宋と同様、女たちの実像の一面であろう。

註

（1）「宋代女子の財産権」本書所収。
（2）川村康書評『法制史研究』四一、一九九一。
（3）永田三枝「南宋期における女性の財産権について」『北大史学』三一号、一九九一。これについては拙評（本書所収）参照。
（4）板橋真一「宋代の戸絶財産と女子の財産権をめぐって」『中国の伝統社会と家族』汲古書院一九九三。
（5）『元典章』は元刊本（故宮博物院印行一九七六）によった。『通制条格』巻四戸令、嫁娶では、大徳七年六月とある。
（6）註（3）永田論文一二～一三頁。
（7）原文は「在法、寡婦無子孫年十六以下、並不許典売田宅」とある。梅原郁訳註『清明集』二一〇頁の訳によった。
（8）滋賀秀三『中国家族法の原理』創文社一九六七、四三一頁。
（9）同右、滋賀著書五二八頁・五四六頁註（38）。
（10）仁井田陞『唐宋法律文書の研究』一九三七、五八八頁・六二五頁、『清明集』中華書局点校本一四一頁、梅原郁訳註二一〇頁も、共に同じ読みである。
（11）註（8）滋賀著書二四五頁・五一二頁参照。
（12）『宋刑統』巻一二戸婚律、卑幼私用財「分異財産」条参照。
（13）『通制条格』巻四戸令「親属分財」条にも見える。
（14）註（10）仁井田著書五八八頁。
（15）註（8）滋賀著書五〇七頁。
（16）同右、滋賀著書五一三頁。
（17）番号は筆者による。第一項の〔　〕内は、『通制条格』巻三戸令「戸絶財産」による。
（18）但し「(一) 随処に～拘収入官」まで。

(19) これは宋の検校を引きついだものであろう。加藤繁「宋の検校庫について」『支那経済史考証』下、東洋文庫。
(20) 官が金定の没官田を租賃に出し、その課子銭物で女旺児を養育するとは、上引、戸絶規定の第一・二項に同じである。「知す」とは、戸絶の田土を、官の管理下におくことで、事実上、扱いは没官田に準じたとみて差支えないであろう。
(21) 女壻については、有高巌「元代の婚姻に関する法律の研究」『東京文理科大学文科紀要』一〇、一九三五、仁井田陞『支那身分法史』七三一頁以下、註(8)滋賀著書六一一頁以下、大島立子「元朝の『女壻』について」東京女子大学『史論』四三、一九九〇、川村康「宋代贅壻小考」『中国の伝統社会と家族』汲古書院一九九三等参照。
(22)『清明集』巻七戸婚門、立継「立継拠有れば戸絶と為さず」、同巻八「継絶の子孫、止だ財産の四分之一を得るのみ」条。
(23)『清明集』巻八戸婚門、女承分「孤遺の田産を処分す」条、註(1)拙稿参照。
(24) 註(21)川村論文。
(25) 註(8)滋賀著書六一四〜六一五頁。
(26)『通制条格』巻三戸令「戸絶財産」にも見える。
(27) 出舎女壻・年限女壻が期限を定めた女壻であるのに対し、養老女壻とは、終身的な贅壻。老後を託し、後継目的で招かれた。註(8)滋賀著書六一四頁参照。
(28)『清明集』巻七戸婚門、立継「立継拠有れば戸絶と為さず」によると、「又た法に、諸そ戸絶財産は尽く在堂(室)諸女に給し、帰宗者は減半す」とあって、在室女と帰宗女との配分が二対一となっている。劉二娘は文面による限り出嫁女であって、帰宗女ではないらしいが、二対一という配分があったことは、参考にはなろう。

均分とは五・五とは限らないかも知れない。

（29）「宋代の女戸」本書所収。

（30）『通制条格』巻四戸令「親属分財」にも見えるが、簡略である。

（31）「当軍の人を津済する」とは貼軍戸のことで、直接、軍役に従事する正軍戸に必要な経費を津貼、負担する戸。軍戸については村上正二「元朝兵制史上に於ける奥魯の制度」『東洋学報』三〇―三、一九四三、同著『モンゴル帝国史研究』風間書房一九九三所収、大島立子「元朝漢民族支配の一考察――軍戸を中心として――」『史論』二三、一九七一、太田弥一郎「元代の官軍戸とその農業生産」『集刊東洋学』三一、一九七四、陳高華「論元代的軍戸」『元史研究論稿』中華書局一九九一所収等をあげておく。

（32）『通制条格の研究訳註』第一冊一九六四、三九頁、註（7）。

（33）『元史』巻二〇〇列女伝によると、夫霍耀卿が没して寡婦となった尹氏に対し、姑が再嫁を命じ、「世の婦皆な然り、人未だ嘗て以って非と為さず、汝独り何ぞ之れを恥ずる有らんや」とあって、当時、再婚が如何に一般化していたかが知られる。

（『宋元社会経済史研究』創文社　一九九五）

〔書評〕

永田三枝「南宋期における女性の財産権について」

（『北大史学』第三一号一九九一）

南宋後期、劉後村の、所謂女子分法をめぐって、仁井田陞・滋賀秀三両氏の間に論争が行われたことは周知の通りである。私は、さきに、寡婦が再嫁に際し、粧奩財産の持去りを認める判決に注目し、宋代、女子に一定の財産権の成立を想定した(1)。永田氏は、これに対し第一に、戸絶財産の分産法、第二に女承分、第三に寡婦の財産権の三点に分けて考察を進めて拙稿を批判され、宋代女子の財産権の成立を否定された。

先ず第一に、在室・帰宗・出嫁諸女に対する戸絶財産の配分が詳細に規定されているのは、この規定が、北宋初め以来、順次形成されてきたこと、女子の取分額に制限が加えられ、減少化していること、の二点から、永田氏は、女子分産規定は、女子財産権の承認ではなく、戸絶没官による国庫増収を目的として規定されたものであり、継絶子に対する配分も、同じく、没官増収目的であったとされた。これについては、既に仁井田陞氏の詳細な研究があり(2)、滋賀氏も、宋代には「戸絶財産に対して国庫が強い関心を示した」といわれている。永田氏は、これをうけて、逆もまた真なりと考えられたようだ。滋賀氏は「恐らく王安石の新法によって設けられ、旧法党によって一時廃止され、いつしかまた復活したものであろう(3)」と推測されている。国庫増収政策の契機を考える上で、考察の順序として参考にすべきであろう。政府が戸絶財産をねらっていることは分かるが、戸絶は経常的に起きるものではなく、従って国庫にとっては安定収入たり得なかったはずである。(補註)永田氏も一方では、「戸絶となることは〈誰しも望まない異変中の異変〉であるから、滅多に起こらなかったと思われる」(一五頁註(25))といわれている。国庫収入の中で、戸絶没官による収入がどの程度の比率を占めていたかも検討の必要があろう。北宋初から南宋後期までの長期にわたる女子分法の変遷、或は、継絶子との配分等は、単に国庫増収の視点だけでなく、氏の指摘される次の第二、第三の問題との関連も含めて考察する必要があるように思われる。

第二に、永田氏は、「法に在りては、父母已に亡く、児女産を分かつに、女は合に男の半ばを得べし」という劉後村の女承分について、一、父母共に亡い、二、男子が幼ない——成年男子がいない、三、女子が在室、という三条件の下でのみ適用し得る特殊な法であり、普遍的法と見做すことは出来ないとし、この法から女子の財産権を読みとろうとする考えを全面的に否定された。永田氏は特に指摘してはいないが、「児女」とは幼い男女を意味しようから、きわめて興味深い解釈を提示されたことになる。しかし、同じく、女承分法を引いている范西堂の判語に対する永田氏の解釈は従い難い。要約すると、「鄭応辰には男子がなく、女二人と、過房の養子孝先がいた。応辰には田三千畝と庫十座の財産があったが、そのうち、二人の女にそれぞれ、田百三十畝と庫一座ずつを与えるよう遺嘱した。判決は遺嘱通り(4)」であった。永田氏は「孝先は成年男子と考えられるが『男子が幼い』という条件が誤りであるとは思わない」、何故なら、二女に対する遺嘱分が法とかけはなれて少額であるにも拘わらず、判決は法を無視しているからだという。

法を無視した判決であるから「男子が幼ない」という条件が否定されたことにはならない、といわれているように受取れるが、論旨不明瞭である。過房の養子とは正嗣子と同じである。孝先は成年男子であり、「男子が幼い」という条件には当たらない。范西堂は「二女与養子」といっていて、「児女」とはいっていない。

永田氏は更に「社会一般に承継権なるものが認められていたなら、応辰は殊更遺嘱の必要はなかった」、つまり、女子に財産承継権—女承分がないから遺嘱したのだという。しかし、この判語を読む限り、応辰が遺嘱したのは、自分の死後、養子が全遺産を女たちに与えず、一人占めにしてしまう恐れがあったためらしい。女たちが生活し得るだけの財産の保証を考えての、きわめて控え目の遺言であろう。案の定、養子は、応辰の死後、全遺産を「掩有」しようとした。判決は「仮りに父母をして遺嘱無からしむれば、亦た自ら当に得べし。若し、他郡均分の例を以って、之れを処すれば、二女と養子、各々合に其の半ばを得べし。」とあって、父母の遺嘱がなければ、「おのずからまさに得べし」、つまり、当然女の取分はある、といい、女は男の二分の一という女子分法をふまえた上で、遺嘱通りにしたのである。永田氏は言及していないが、判決は養子に対し、勘杖一百、釘錮の刑を科した。孝先の「掩有」の意図に対する刑であろうか。劉後村・范西堂が共通して依拠しているのが、女は男の半分を受取ることが出来るという法である。「男が幼ない」とは限らない。男女二対一の取分比を、唐の戸令、聘財給与比の継承ではないかという川村康氏の指摘(5)もある。今後の検討課題であろう。

第三に、はじめにも述べたように、私は、南宋後期、改嫁に際して、粧奩財産持参を認める判決から、粧奩財産に対する妻の一定の所有権を想定した。永田氏は、これに対し、更に、南宋期だけではなく「持参財産の持去りは北宋・唐代以前からずっと存在していたと考える方が自然」であるといわれる。その理由は、滋賀氏の著書にも、北宋や唐代に持去り禁止資料が引かれていないこと、立法上も明確な禁止規定が現れるのは元代以降、の二点である。しかし、滋賀氏が引用されていないことを以って、唐から南宋まで禁止令がなかったといってしまうのは、ためらわれる。遅くとも南宋期には、禁止を想定させる史料がある。

例えば、『清明集』巻五戸婚門　争業下「継母、養老田を将って、遺嘱して親生の女に与う」（翁浩堂）によると、葉氏は蔣森の後妻、蔣汝霖の継母であり、蔣森の死後五七碩を収穀する田を手に入れた。葉氏のこの田について、「養老の資と為せば可、私自に典売するは固より不可、随嫁も亦た不可、遺嘱して女に与うるも亦た不可……婦人の随嫁奩田は、乃ち是れ父母が夫の家に給与せし田業なり。自ら夫の家に承分の人有り。豈に、捲して以って自随すべけんや」とあるし、『勉斎先生黄文粛公文集』巻四〇「郭氏劉拱礼、劉仁謙等、田産を冒占するを訴う」には、「法を以って之れを論ずれば、兄弟分産の条、即ち、未だ嘗つて、自随の産、合に尽く親生の子に給与すべしと言わず。又、自随の産もて、別に女戸を立つる得ず。当に其れ夫の戸頭に随うべし。是れ、夫の産と為す」とあるなど、自随財産が夫に帰属し、必ずしもいつでも妻の自由になったとはいえないらしい。永田氏のように、北宋、更に唐まで遡って、持参財産の持去りが自由であったとはいえないように思われる。持参財産をめぐっては、法と現実との間には、かなりのずれがあり、書判者の判断もあり、今後の検討をまちたい。

永田氏は、基本的に滋賀説を継承され、独自の史料解釈も加えられて、戸絶における女子分産法や、女承分法によっては、女子財産権の成立を考えることは出来ないと、全面的にこれを否定された。一方、改嫁時における持参財産の持去りについては、北宋以前・唐代までも遡らせることが出来るとし、元代に至って、初めて禁止されたという。持参財産に対する女性の権利を唐まで引上げられたのである。とすれば、女子の財産権という視点から考えた場合、両者は矛盾しないのだろうか。女子の所有権が全く成立していないと考えられる時代に、何故に持参財産に対する権利のみ一人歩きして持去り自由が唐まで遡り得るのだろうか。持参財産の持ち去り自由そのものが、持参財産に対する女子の財産権の存在を物語っているのではないだろうか。

宋代、女戸は財産所有の主体として、戸等制支配の中に組込まれ、両税を負担し、王安石の助役銭の対象ともなった(6)。滋賀氏が明らかにされている婦女の個人財産所有の問題(7)、更には、家族法なども含めて、女子の財産権の再検討が求められているように思われる。

註

(1)「宋代女子の財産権」本書所収。
(2)『支那身分法史』第四章家族法「戸絶資産の帰属」四七八頁以下。
(3)『中国家族法の原理』第三章第三節「承継人の不存在―戸絶」三九八頁以下、四一〇頁註(9)。
(4)『清明集』巻八戸婚門、遺嘱「女合承分」、註(1)拙稿。

（5）『法制史研究』四一、三二七頁。
（6）「宋代の女戸」本書所収。
（7）註（3）滋賀著書五三四頁以下。
（補註）板橋真一氏も「異変ともいうべき戸絶状態によって生じる没官財産はそれ自体定額を立てがたいものであり、安定した収入源とはみなしがたい」といわれている。「宋代の戸絶財産と女子の財産権をめぐって」『中国伝統社会と家族』汲古書院一九九三。

（『法制史研究』四三　一九九三・三）

高橋芳郎「親を亡くした女《むすめ》たち——南宋期のいわゆる女子財産権について——」

（『東洋史論集』第六輯一九九五）

南宋期にあらわれた、いわゆる女子分法をめぐる滋賀・仁井田論争については、更めて紹介するまでもないであろう。私は、新出の明版『清明集』に見える、寡婦が再嫁に際し、粧奩財産の持去りを認める書判に刺戟されて、女子分法を女子財産権にかかわらせて考察した。永田三枝氏は「南宋期における女性の財産権について」（『北大史学』三一、一九九一）で、拙稿を全面的に批判され、次いで板橋真一「宋代の戸絶財産と女子の財産権をめぐって」（『中国の伝統社会と家族』一九九三）も発表された。今回の高橋論文は、かかる論争をふまえて、基本的には永田説を継承されながら、新たな見解を提起されたものである。すなわち、滋賀・仁井田以来の諸研究が、戸絶における女子への家産配分や女子分法を、すべて、権利として処理しようとしたところに問題がある。この時代の女子への財産給付は、財産権ではなく、在室女の生活費・嫁資を保障するための、宋朝政府による法的、社会政策的対応である、とされた。氏が読み直された諸史料のうち、一、二について若干の感想をのべておきたい。

たしかに、氏のいわれるように、戸絶における家産配分に未婚女子に対する配慮があったであろうことは想定出来る。しかし、逆に、これらの法が、最初から、氏のいわれるような目的のために制定されたとするには、正直にいって、躊躇せざるを得ない。

高橋氏は、女子に家産が与えられる条件として、

(1) 父親の遺嘱による場合。

(2) 戸絶の場合。

(3) 戸絶ではないが父母共に死亡し、かつ

(a) 女子と命継による男子がいる場合。

(b) 女子と幼い男子とが残された場合。

をあげ、このうち、(2)と(3)について検討された。先ず、女子分法の基本史料であり、滋賀・仁井田論争の出発点となった『名公書判清明集』巻八戸婚門 分析「女婿は応に妻の家の財産を中分すべからず」(劉後村)について、重複するが説明の必要上かさねて引用する(高橋論文三五八頁、以下頁数はいずれも高橋論文)。

法に在りては、父母已に亡く、児女産を分かつに、女は合に男の半ばを得べし。遺腹の男も亦た男なり。周丙身後、財産合に三分と作し、遺腹の子二分を得、細乙娘一分を得べし。此くの如きの分析、方に法意に合すべし。李応竜、人の子の婿と為り、妻の家に孤子有るを見て、更に条法を顧ず、幼孤を恤まず、輙ち、妻の父の膏腴の田産を将って、其の族人に与え、妄りに、妻の父・妻の母の摽撥と作す。天下に豈に、女婿妻の家の財産を中分するの理有らんや。県尉引く所の、張乖三分を婿に与えし故事は、即ち、現行条令の、女は男の半ばを得るの意なり。帖を東尉に委し、周丙戸下の一宗の田園・干照、並びに浮財の帳目を索上せしめ、磽腴好悪を将って匹配して三分と作し、合に分かつべき

の人を喚上し、当廳拈鬮せしむ。僉廳は、先ず、李応竜一宗の違法の干照を索し、毀抹して案に付せしむ。

この書判に対する高橋氏の解釈は次の如くである。「ここでは幼い男子の養育が問題になっていることから、男子の養育費相当分として女に三分の一の財産が与えられているように見えるが、実はそうではない」（三五九頁）と前置きされる。しかし、この書判を読む限り、必ずしも問題を「幼い男子の養育」に限定してはいないし、女に与えられる三分の一の財産が、男子の養育費相当分であるとも記されていない。遺産分割の問題である。「実はそうではない」のではなくて、はじめから「そうではない」のではないか。高橋氏は更につづけて、「判者劉克荘が件の法を持ち出したのは、男子の本来承けるべき財産—裁判沙汰にならずにそのまま成人したなら全財産—を婿から守るためなのであって、女の権利を保護するためでなかったことは明らかである。それゆえここでは、本来在室女を経済的に保護する目的で定められた法が、本来とは異なる目的のために発動されたわけである」といわれる。しかし、これも、劉克荘の書判をみる限りでは、「男子が成人したなら全財産を受ける」とも記されていない。高橋氏には「男子が全財産をうける」という固定観念が強くはたらいていて、それを前提としてこの史料をよまれているようにうけとれる。この書判を私なりに文面通りに解釈すると、

㈠　法によると、父・母共に死んで、残された児女への遺産配分は、女は男子の二分の一を得ることが出来る。父の死後生まれた子も男子である。

と、先ず、依拠すべき判断の基準となる法が提示される。

(二)　この法にもとづき、周丙の遺産を三分し、三分の二が遺腹の男子、三分の一が女－細乙娘に与えられる。このような分配こそ法意にかなうものである。

しかるに、李応竜は、人の子の婿となり、妻の家に男子がいるのをみると、条法を顧みず、妻の父母がくれたものだといって妻の父の膏腴の田産を自分の親族に与えた。劉克荘は、天下にむすめ婿が妻の家の財産の半分を取るという道理があろうか、といい、更に張乖崖の故事を引いて、「女は男の半ばを得る」という現行条令を、かさねて強調しているのである。劉克荘のこの書判は、あくまで、周丙没後、残された二人の児女－遺腹の男子と、細乙娘に対する遺産配分の問題であり、「女は男の半ばを得べし」という現行法令が判断の基本であった。女子分法によって、男子の取分は全財産ではなく三分の二である。高橋氏は、細乙娘について「この女は結婚しているとはいえ、父家に留まっており、実状は在室女と同様であるから、いわゆる女子分法の適用に形式上支障はなかったはずである」と説明されているが、細乙娘は既婚であり、最早、嫁資を必要としないし、在室女でもない。政府が生活費の保障のために、資金を支給するはずもない。女子分法を「在室女の生活費・嫁資を保障するための宋朝の法的・社会政策的対応」という解釈は、この史料からは読みとれない。

同じく『清明集』巻八遺嘱「女は合に分を承くべし」も、再三取上げられている范西堂の書判である(三六二頁)。鄭応辰の養子孝先は、父が遺嘱した二人の実の娘孝純・孝徳に対する財産分けを無視して、全財産を独占しようとした。范応鈴は書判で、「仮りに父母をして遺嘱無からしむるも、亦た自ら当に得べし。若し、他郡均分の例を以って、之れを処すれば、二女と養子、各々まさに其の半ばを受くべし」といっている。高橋氏は、「他郡均分の例」について「養子に対する単なる脅しであって、ここでは適用されるべきケースではなかったと思われるし、また実際適用されてもいない」、その理由は、女子分法は、男が幼いという条件の下でのみ適用されるが、孝先は成年に達しているからであると。しかし、適用されない他郡の法など持出したところで、何の脅しにもならないだろう。視点を変えれば、女子分法は、男が成年の場合にも適用されたと解することも出来るかも知れない。孝先は過房の養子であるから、嗣子に同じである。しかも、男女の配分率は、孝先が二、娘孝純・孝徳が各一であり、劉克荘の女子分法に同じである。ここで女子分法が適用されなかったのは、或は、遺囑が法に優先したためかも知れない（滋賀秀三『中国家族法の原理』三九九頁他）。なお且つ、范応鈴が孝先に勘杖一百、釘錮の刑を科している意味をあわせて考えるべきであろう。

高橋氏は、戸絶財産配分の意味について、㈠国庫への取込みに意欲的、㈡在室女に対する手厚い経済的保護の二点をあげていられるが（三四九頁）、㈠と㈡は矛盾しかねない。国庫への取込みを増せば、絶戸への配分は手薄にならざるを得ない。何故、在室女だけでなく、継絶子や出嫁女へも配分されたのか。氏もふれていられるが、政府の男女に対する社会政策としては、検校制度も具体的に示されている。嫁資についても『清明集』巻七戸婚門、立継「立継に拠有れば、戸絶と為さず」に、

諸そ財産を分かつに、未だ娶らざる者には聘財を与え、姑姉妹の室に有り、及び帰宗せる者は、嫁資を給す。未だ嫁するに及ばざる者には、別に財産を給す。嫁資の数を過ぐるを得ず。……法に在りては、男年十五、女年十三以上、並に婚嫁を聴す。亦た、只だ条に照らして嫁資を給す。

とある。これについて、高橋氏は次のように読まれる。「こうした家産分割の際の聘財・嫁資に関する規定は、親を失った兄弟姉妹（あるいは姑）に対しては、親がいたならば親（姑から見れば兄弟）によって調達準備されたであろう聘財・嫁資を為政者の側が立法を通じて保障するという役割を担い、親が健在であったとしても、未婚男女の婚姻前に親が死亡するといった不慮の事態―に伴う財産争い―に事前に備えるという役割をも期待されていたのであろう」と言われて、この聘財・嫁資に関する史料を女子分法として、理解されるのである。

しかし、女子分法―父母共に死んで、残された児女に財産を分かつに、女は男の二分の一―とは、あくまで遺産分配の問題である。右の史料は、「財産を分かつ」に際しての、聘財と嫁資の問題である。

㈠未だ妻を娶っていない（独身の）男には聘財を与える。

㈡姑姉妹で在室のもの（未婚の女）、及び帰宗者には嫁資を与える。

㈢未だ嫁するに及ばざる者（十三才以下）は別に財産を支給する。但し、嫁資の数を過ぎてはいけない。

というのであって、これは『宋刑統』一二戸婚律「卑幼私用財」に見える条文でもある。かかる現行法と、氏の考えられる女子分法とは、どのようにかかわっていたのであろうか。

「（寡妻）夫の分を承く」（『清明集』巻八検校嫠幼財産）とか、「県丞の二女、合に珍郎と共に父の分を承く」（三五九頁）など、寡妻や男子が、夫や父の財産を法的に承認されて「分を承けた」と同様に、女も「父の分」を承けた。それが「女承分」なのである。氏のいわれる「在室女の嫁資・生活費保障を目的とした」という女子分法が、何故「南宋に突如として出現した」（三六三頁）のだろうか。女子分法は、男の二分の一という承分額を示すのみで、何ら在室女への嫁資・生活費支給に関する具体的なしばりは見当たらない。在室女に対する政府の経済的保障法であると規定するためには、その内容を示す何らかの史料的手がかりが欲しいように思われる。

（『法制史研究』四六　一九九七・三）

合山究「節婦烈女論――明清時代の女性の生き方について――」（『中国―社会と文化』一三号一九九八）

これまで「女性史」研究といえば、必ずといっていいほどに、中心的課題となってきた節婦烈女について、合山究氏の研究にふれておきたい。

時代は下って明清になるが、合山氏は、女性の生き方として、従来のように、節婦烈女を封建的道徳にしばりつけられ、礼教、習俗に拘束された犠牲者・被害者・敗北者とみるのではなく、女性の心理・心情・情念という視点からとらえなおした。節婦烈女とは、鞏固《きょうこ》な意志にもとづく、自律的、自発的行為である。苦境に立って夫婦一体を希求してやまない女たちは、「孝」を捨てて「貞節」をえらびとり、「死をも恐れぬ凛冽《りんれつ》の気迫に満ち」、もっとも人間的な行為を全うしたと、彼女たちを積極的、肯定的にとらえなおした。

合山氏も指摘されているように、史書において、節婦烈女は明代に入って激増する。合山氏は「古今図書集成」の閨節《けいせつ》部・閨烈《けいれつ》部に収録された周・秦・漢以来の歴代王朝の節婦烈女数をあげているが、とりあえず、宋と明を取り出して比較すると、節・烈をあわせて、宋・遼・金三一三名、明に入ると急増して、三五、六二二名、宋遼金の一一倍強、遼金をはぶいて宋のみと比較すれば、倍率はさらに高くなる。正史においても「宋史」列女伝は三九名、「明史」は二九四名、飛躍的に増大している。かかる数量的変化を、数字ではかることのむずかしい女性の情念といった精神面で解釈することが出来るのであろうか疑問も残るが、合山氏は、「明清時代に何故、節婦烈女がこれほど多くあらわれたのであろうか」と、その理由を三つあげる。すなわち、第一に、「貞節観念の宗教化」、その(1)として「礼教による貞節の強調」と、(2)「再嫁を嫌悪する迷信の流行」、この流行はとくに下層階級の女性に顕著であったとされる。第二は、「旌《せい》表《ひょう》による貞節行為の顕彰」、第三は、「婚姻手続きの変化による婚約期間の長期化」をあげる。

しかし、第一の「礼教による貞節の強調」や、「再嫁を憎悪する迷信の流行」が原因とすれば、これを単に自律的、自発的行為とはいいがたいのではないかと思われるし、第二の旌表のごときは、まさに支配権力が上から政治的意図の下に行うものであることは否定出来ないであろう。旌表によって貞節行為が激増したとすれば、そこには陰に陽になんらかの他律的力がはたらいていたと考えざるをえず、単純に、節婦烈女たちの情念にもとづく自律的行為とはいえないのではないだろうか。何をもって節烈の女として旌表したのか、数だけでなく宋から明にかけてその行為に変化があったのかどうか、中味が問われるべきであろう。第三の「婚約期間の長期化」もまた、他律的条件ではないだろうか。もちろん節烈の女たちには、主体的に自ら節烈行為をえらんだものもいたであろうことを否定しはしないが、戦中派の私には、日中・太平洋戦争中、日本の母や妻たちが、息子や夫の戦死の報に、「お国のお役に立てて光栄です」と、人前では涙ひとつみせずに「毅然」としていった、そして、人にかくれて泣きくずれていた女たちを見てきた。その背後に、戦争遂行のために政治権力が女たちに求めた苛酷な意図を思わないわけにはいかない。

私があえて合山氏の研究を取り上げたのは、氏が、これまでの男性の絶対的優位と女性の隷従という通説、固定観念に対する批判として、節婦烈女の中に女性の主体性を強く見出だそうとされたからである。彼女たちこそ「歴史に名を留め得た女中の英雄」であり、成功者であったという。彼女たちの主体性とはなにか。合山氏は旌表にあずかることもなく、伝記に名を残すこともなく死んでいった膨大な数に上る無告の女たちこそ、真に痛ましい時代の犠牲者、敗北者であるという。私は、むしろ、歴史に名を残すこともなく、懸命に自分たちの生を生き、そして死んでいった無数の庶民の女たちに限りなくあつい思いをよせたい。

（「宋代女性史料をよむ」学習院大学文学部史学科編『歴史遊学』山川出版社　二〇〇一）

キャスリン・バーンハート「中国史上の女子財産権——宋代法は『例外』か——」沢崎京子訳『中国—社会と文化』一二号一九九七

キャスリン・バーンハート氏は、本論文において、日本における宋代の女子分法をめぐる論争に、あらたに参加された。[1] 滋賀秀三氏が、財産の継承と祖先祭祀とは不可分に結びつくが故に、祖先祭祀義務のない女子には家産の継承権はない、として、劉克荘の女子分法を否定的に理解するのに対し、仁井田陞氏は、祖先祭祀と家産継承との関係をきり放し、女子分法を経済関係から考察、女子も家産の承分人であるとした。この滋賀・仁井田論争に加え、バーンハート氏は、第三の説として、パトリシア・イーブリー説を取上げる。すなわち、イーブリー氏は、唐から宋にかけて、結婚費用は結納金から持参金へと比重を移し、持参金の比重の増大に伴い、孤児となったむすめたちに、相応の財産が与えられるよう、宋朝の相続法が修正されることになったのだという。[2] バーンハート氏は、これら三氏の中で、滋賀説がもっとも説得力があるとして、これを支持されるが、但し、三氏共に、いわゆる女子分法を過大評価している。「このような法は、おそらく、存在していなかったし、たとえ存在していたとしても……きわめて例外的なもの」であったとし、この論争解明の鍵として、戸絶における女子家産権に関する法を重視される。戸絶という限定条件下ながら、戸絶財産の女子への配分に一定の女子の財産権をよみとろうとする考えに対する批判、反論でもあるとうけとれる。

バーンハート氏は、「宋代におきた最も重要な変化は、戸絶財産に対する、宋朝取分の拡張」、「国家の権利の拡大」であったという。国家の利害関係の側面から、絶戸の財産、中でも土地は、宋朝にとって直接的財源であるとして、戸絶田の重要性を強調する。その原因は、国家財政に占める軍事費の増大にあり、宋朝は、その対策の一つとして、戸絶財産配分における没官分を拡張、その分、絶戸の出嫁女・帰宗女・命継子等への配分を削ったのだといわれる。かかる「絶戸の財産に対する国家の権利拡張の根拠となったのは、すべての国土は無条件に国家に属するという考え方である。そもそも戸絶法は当初唐代の均田制を背景として制定されたものであった。均田制においては、国家はすべての土地を所有し、かつそれを自らの意志によって分配する権利をもつと主張する。宋代法の多くは、唐代法にもとづくもので」、唐代法を基礎とし、均田制の伝統を継承した。[3] 土地所有制、それにかかわる戸絶法を、唐から宋へ、連続として理解されている。バーンハート氏は、宋代課税対象の戸を課戸とよぶが、[4] 課戸・不課戸は均田制下における呼称であって、通常宋代には、用いられない。かかる見方が氏の唐宋間における土地所有制乃至、戸絶に関する理解につながっているように思える。

通常、唐・宋の間に土地所有制とそれに伴う税制上の変化を唐宋変革期の問題として重視する。均田制と租庸調制に代わって、私的土地所有の容認と両税法へと、唐宋間に土地制度、それにともなう税制は大きく変化し、国家の手による一切の土地規制は撤廃されたと考えられている。

氏は、宋朝の戸絶財産に対する権利の拡大を強調されるが、戸絶に際して命継子・在室女・出嫁女・帰宗女に対する細かい配分比は何故なされたのか。尨大な軍事費の財源であるならば、土地に対して有する

「宋朝の強力な権限」によって戸絶という機会に、その財産を没官することは合法的行為であり、容易であったのではないか。更に、軍事費も含めて、国庫歳入の中で、戸絶財産がどれほどの部分を占めていたか。氏は戸絶財産を過大評価されているのではないか、と思われるが、これについては後述する。

バーンハート氏は、絶戸の財産、なかんずく土地は宋朝にとってより直接的な財源であり、「国家が、戸絶財産を歳入源とみなしていたことを最もはっきり示すのはこれらの法に反対する言論である」といわれ、それを示す史料として㈠『宋会要』礼三六―一六、雑服制、政和三年閏四月二十七日、㈡『続資治通鑑長編』巻三八三、㈢『清明集』巻八戸婚―検校「侵用已検校財産、論如檀支封樁物法」の三つをあげる。(5)氏は所在を示すのみで、原文を引用しておられず、説明も加えていられないので、私なりに解釈してみたい。ここで先ず、第一に提示されているのは、㈠の『宋会要』、政和三年(一一一三)閏四月二十七日条である。戸部尚書劉炳の言として記されているもので、王彦林が弟彦通を叔母宋氏の継絶孫とすることをめぐる議論である。

若し、皆なをして継絶有らしめば、則ち天下遂に戸絶無からん。夫れ、法に養子・養孫有るは、盖し、天下に絶滅の家有るを慮るればなり。戸絶財産、得る所幾何かあらん。政和元年諸路の戸絶銭、万余貫のみなり。皆なをして、後を立て、遂に戸絶無きを知らしむれば、一歳に万余緡を失うと雖も、聖主の楽しむ所と為す。之れに従う。

とある。養子、養孫の法があるのは、戸の絶えるのを恐れるからである。戸絶財産は、政府の収入としてたかが知れていて、政和元年の諸路の戸絶銭は万余貫に過ぎない。戸絶銭一万余貫を失うよりは、後嗣ぎを立てて戸を絶やさないことを知らしむる方が大切である、という。政府としては戸絶は避けたいのである。この史料については、すでに永田三枝氏の解釈[6]と、これに対する板橋真一氏の批判[7]がある。永田三枝氏が、右の史料を、「これを裏側からみれば、《継絶を全て認めれば、国には戸絶による収入がなくなってしまう》という意見があったことが窺える」といわれるのに対し、板橋真一氏は、この史料は「国家収入の減少を憂えるものであったとは考え難い」、その理由として、「政和元年の諸路戸絶銭は一万緡程度である。これを国家収入の財源として重視していた史料と見なすのは早計」といわれ、更に、「異変ともいうべき戸絶状態によって生じる没官財産はそれ自体定額を立てがたいものであり、安定した収入源とはみなしがたい」ともいわれている。バーンハート氏は永田説に従ったようであるが、私は板橋氏のよみの方が妥当のように思われる。戸絶銭が国家の歳入で占める額は、わずかに万余貫のみ、大した額ではない。それよりは戸を絶やさないことの方が大切である、といっているのである。国家が戸絶財産を歳入源とみなしていたことを最もはっきり示す史料とはよめないように思う。

第二に提示されているのは、『続資治通鑑長編』巻三八三と巻数のみで、月日を示されず、戸絶財産を国家の歳入源とみなしていたとする記事はどれであろうか。元祐元年七月丁丑に繋して、王巖叟の言として、「老いて子孫の託す無き」孤老に対し、宋朝が財産の遺贈に制限を設けているのに対し、遺贈額に制限のない嘉祐遺嘱法を復活し、「以って天下孤老の心を慰し、以って天下孤老の意を勧し、民風を厚くせん」として、これが施行されることになった[8]、というのがそれであろうか。

第三の史料は、『清明集』巻八検校「已に検校せる財産を侵用せば、論ずること、朝廷封椿の物を擅支するの法の如くす」である。荊湖南路邵陽県における検校の銭・銀の持出し等曾元収の不正行為、或は在室女への財産配分等に関する胡石壁の書判であるが、これも直接、戸絶財産の国庫収入増にかかわる記事とは読めない。

宋代国庫歳入とは、両税・和糴・和買・商税・塩茶等の専売税、その他雑多な付加税等々が中心であった。戸絶による没官収入が大した額でなかったことは、上述した通りである。戸絶財産を取立てるために、政府は何故、在室女・出嫁女・帰宗女・命継子等に対し、詳細な配分率を設定する必要があったのであろうか。「戸絶財産は一義的に国家に帰属し」、「どのように分配するかは、国家の決定するところ」とは、いわれる通りであろうが、単に国庫増収という経済的要求の視点からのみ、考えるべき問題ではないであろう。

女子分法については、すでに述べたし、青木敦氏のあらたな視点からの研究がある。(9) 青木氏は、さきに、訴訟における地域差の問題を提起されたが、更に、女子分法、財産権についても、地域差の視点から考察された。第一に、女子の財産権に関して湖南・江西等に多くみられ、地域的傾向が明らかであること、第二に、『清明集』の名公たちの条法引用においても、湖南・江西出身者が高位を占めること、第三に、女子分法は、陰陽家の思想「女は常に男の半ばを減ず」、「陰は常に陽の半ばを減ず」等の文言に近く、「女は男の半股」は民間にあったと、あらたな視点から、女子分法の存在を肯定的に理解された。更に、これまでの論争において、男子均分の家族法の原理、滋賀説と齟齬する法は排除されてきたが、法の引用には個人差があり、相互の整合性もないし、いつも法を適用したとも限らないと、きわめて柔軟に解釈していられる。これは、拙考、政府の郷村支配における「郷原体例」や「父老」の理解にもかかわってくる問題で、専制支配のあり方を問う視点にも通底してくるように思う。バーンハート氏にもどろう。氏の史料の読み方については若干の疑問も残っているので、一例のみをあげて検討しておきたい。『清明集』巻八戸婚門　遺嘱「女は合に分を承くべし」（范西堂）もすでに度々取上げた史料であるが、説明の必要上、かさねて引用する。鄭応辰には後嗣ぎがなく、孝純・孝徳という親生の娘二人と、孝先という過房の養子がいた。家には田三千畝、庫十座の財産があったが、

応辰存するの日、二女に各々田一百三十畝・庫一座を遺嘱して之れを与う。殊に過ぎると為さず。応辰の死後、養子乃ち掩有せんと欲す。其の供する所を観るに、刻薄の論に非ざるは無し。仮りに父母をして遺嘱無からしむれば、亦た自ら当に得べし。若し、他郡均分の例を以って之れを処すれば、二女と養子、各々合に其の半ばを受くべし。今、只だ人に田百三十畝を与え、猶且つ、固執するは、不義の甚だしきものと謂う可し。……二女乃ち其れ父の自ら出ずる所、祖業悉く以って其の潤を霑するを得ず、而して専ら、以って之れを過房の人に付するは、義利の去就、何の択ぶ所かあらん。

とある。バーンハート氏は、これを次のように解釈される。「一般の社会的慣習では、実子・養子をとわず、すべての男子はその父の財産をそっくり相続する権利を有していた。例えばこの事例では養嗣子である孝先は嗣父の財産をすべて相続できるものと確信しており、遺言に定められた彼の姉妹への少額の遺贈すら惜しんだのである」。「一般的な慣習においては、むすこたちは実子であれ養子であれ財産相続の完全な権利を持っていた」、「范応鈴が言及した慣行（他郡均分の例－筆者）は定則というよりも例外的に属する

ものであった」等である。

私は次のように読みたい。過房の養子孝先が、応辰の遺嘱した二女への田各一三〇畝・庫一座をも含めて、応辰の全財産を掩有――一人占めにしてしまおうとしているのは刻薄の限りである。もし父母の遺言がなかったならば、二人の女は「亦た自ら、当に得べし」、つまり当然、親の遺産をうけとるべき権利を有する。その配分の仕方は、「他郡均分の例」に従って分ければ、「二女と養子は各々まさにその半ばを受けることが出来る。しかし、今、二人の女の取分といえば、たかだか田一三〇畝（と庫一座）にすぎない。「他郡均分の例」の配分に比べれば孝先の取り分ははるかに多いのである。にも拘わらず、猶お固執して、応辰の遺言をみとめず、全財産をとり込もうとしているのは不当である。二人の女は、応辰の実の娘であるのに、自分の生まれた家の祖先以来の財産の分け前にもあずかれず、全額、過房の養子のものになってしまうという方はない、といっているのではないか。はじめから、養子は、全財産に対し「財産相続の完全な権利をもっていた」わけではない。二人の女もまた「財産相続の権利をもっていた」のである。つまり、鄭応辰の遺産は、はじめから過房の養子孝先と、二人の実の女孝純・孝徳の三人で相続することが法的に認められていた、と解したい。バーンハート氏は、はじめから、女子分法に対し、否定的であるから、父の財産の相続権は実子・養子を問わず、男子のみにあることを前提としている。しかし、この書判を文字通りによめば女子にも相続権があったのである。書判者范西堂は、「孝先の予うる、未だ恵を傷つけるに至らず、二女の取る、未だ廉を傷けるに至らず。断然之れを行い、一見決すべし」と鄭応辰の遺嘱通りの判決を下した。しかし、それだけではない。これに加えて、鄭孝先には勘杖一百、釘錮の罰を科した。

これは、遺言違反とも受けとれるが、バーンハート氏のいわれるように若し、鄭孝先が父応辰の遺産全額をうける正当な権利を有していたとすれば、勘杖一百・釘錮の罰はあり得ないのではないか。

バーンハート氏は、政府は戸絶財産に対して強い財政的要求をもっていた、と繰返し強調されている。しかし、戸絶財産に対し、必ずしもいつでも一方的に権力によって強行したとは限らなかったようである。右の検校財産の浸用に関する書判においても、胡石壁は、戸絶における在室女に対し、「子が父の分を承けるの法により、半分を給し」、「余の一半は、本来、合に没官すべき」なるも、「当職素より此れを行う等の事を喜しまず」といって、没官していないし、夫の死後既に改嫁して、亡夫の家産に対して何の権利もない阿甘に、「之れを律するに法を以ってすれば、尽く合に没官すべき」財産を、「今、官司、例として籍没を行うを欲せず」、「此れ法意に非ず」といい乍ら、すでに改嫁の阿甘に亡夫の遺産を与えているのである。(10) かかる例はしばしばみられる。宋朝政府は、戸絶財産に対し現実には柔軟に対応した。バーンハート氏のいわれるように、「戸絶財産は一義的に国家に《帰属し》」し、「それをどのように分配するかは国家の決定するところであった」ことはそうであろう。しかし、「分配」は柔軟で、国庫の歳入増ばかりがはかられていたわけではなかったらしい。政府は戸を絶やすことを望んではいなかった。

バーンハート氏は、本論文で、「女子分法はおそらく存在しておらず、もし在ったとしても例外的」と、くり返しのべていられる。しかし、女子分法は明らかに記録として残されているのであるから、少なくとも「存在していなかった」とはいえないだろう。劉克荘を理解するためには、『後村先生大全集』の他の記事もあわせてよむ必要があろう。劉克荘がいつも「異質的」、「我流の解釈」をする人物であったか否かである。なお、バーンハート氏より早く、一九九二年、ベティンヌ・バージ氏の「中国宋代における女性と財産」がある。(11)基本的に仁井田説を継承している。バージ氏は、宋代女子の財産継承と所有権の存在をみとめ、福建・建州の新儒教の抬頭発展にかかわらせて考察、その影響をうけて南宋末以降、女子の財産権が変化して行ったという。地域として考察していて、注目に値すると思われるが、バーンハート氏は、取上げていない。

上述したように青木敦氏は「地域と国法」において、女子分法をめぐる論争を紹介、バーンハート氏の本論文についても、くわしく検討されているが、結論的には「現時点では劉克荘の言に信を置き、存在したと解釈したい」ということである。その理由は、一つには、多様な地域社会の慣習を否定出来ないこと。もう一つは、「陰は陽の、すなわち女性は男性の《半股》を得るという思想は坤(『易経』)の解釈を見れば自然に理解し得る原理」であり、「一般的な概念として『女常減男之半』すなわち『女合得男之半』との観念は、陰陽を意識した時の自然な発想として、恐らくは南宋の朱熹の時代既に……存在した」と述べていられる。新しい視点からの考察として注目される。

註

(1) Kathryn Bernhardt:

"Women and Property in China" 960-1949" P.9~46 Chapter 1, The Inheritance Rights of Daughters from the Song Through the Qing. Stanford Univ. Press, 1999. 沢崎京子訳『中国－社会と文化』一二号

一九九七。

（2）Patricia B. Ebrey: The Inner Quarters : Marriage and the Lives of Chinese Women in the Sung Period. Berkeley University of California Press, 1993.

（3）沢崎訳二四〇頁。

（4）註（1）著書 P.12 "tax household"（kehu）

（5）沢崎訳二五九頁、註（4）。

（6）永田三枝「南宋期における女性の財産権について」『北大史学』三一号、一九九一、五頁。

（7）板橋真一「宋代の戸絶財産と女子の財産権をめぐって」『中国の伝統社会と家族』汲古書院一九九三　三六八頁。なお、バーンハート氏は、板橋氏のこの論文に関し、女子分法論争において「滋賀の表明した懐疑を共有している」論文として、永田・板橋両氏をあげているが、板橋氏の方は共有しておらず誤解である。板橋氏は、女承分としての財産継承権の存在をみとめているし、戸絶財産の国庫収入については本文でのべた通りである。註（5）『中国』一三四頁、註（1）バーンハート氏著書 P.10。

（8）仁井田陞『支那身分法史』四八〇頁、滋賀秀三『中国家族法の原理』創文社一九六七年、三九九頁参照。

（9）青木敦「健訟の地域的イメージ」『社会経済史学』六五―三、一九九九、「地域与国法――南宋「女子分法」与江南民間慣習の関係再考」「欲掩弥彰――中国歴史文化中的『私』与『情』国際学術研討会」二〇〇一。

（10）『清明集』巻四戸婚門　争業上「能邦兄弟、阿甘と互に財産を争う」。女子分法の劉克荘も「当職、今、亦た未だ、遽に通仕を縄するに法を以ってするを欲せず」といっている。『清明集』巻八「継絶の子孫、止だ財産四分の一を得」。

(11) Bettine Birge : Women and Property in Sung Dynasty China (960-1279) Neo-Confucianism and Social Change in Chien-chou, Fukien. Columbia University, 1992.

游恵遠『宋代民婦的角色与地位』台北　新文豊出版　一九九八年六月

本書は、著者が一九八八年、台湾東海大学史学研究所に提出した碩士論文に基づくものである。結婚・家事・育児の中で、時間のやりくりに苦労しながら、一二年間にわたって積みかさねて来た研究の成果である。人口の二分の一を占める女性が、すべて「大門不出、二門不邁」という深閨の中に閉じこめられて、完全に男性に依存し、何ら社会への貢献はなかったのだろうか。宋代理学の出現により、女性の地位は大幅に低下したといわれているが、理学の影響が強くなったのは、むしろ、元・明以降ではないか。理学理論と社会の実状との関係について、見直す必要があるのではないか、等々の疑問を抱き、游氏自身の女性としての視点から宋代の民婦の役割と地位を考察したものである。本書の内容を逐次簡明にまとめた自序と、これを具体的に実証した本文四章からなる。巻末に、本論に基づく私学教育実践報告を付す。

第一章は「宋代婦女の婚姻より、其の家族の役割と地位を観察した」もので、五節に分かれる。特に游氏は、女性の自主権の観点から伝統的女性の地位の問題を検討する。中国は家族利益を重視する父権社会であって、女性の役割と地位を考えるに当たっては、家族体系の視点から見るべきであり、再婚の回数の多寡は、女性の地位の高低をはかる基準たり得ないことを、以下、くり返し強調する。重要なのは、女性が一つの家族内において負担すべき「責任と義務」の多少、女性が獲得した「認同と保障」の有無にある。

守節や再嫁も、その行為に対し女性が完全に自主権をもって行動したか否かにある。

第一節「婚姻の観念と議婚の習慣」では、家族主義原則の下では、男女共に完全な自主権はなかったが、但し、家を離れた在外の男子は、たとえ、父母の同意がなくても、婚約・成婚が成立していれば、法律上、その結婚は正当と認められた。これに対し、在外婦女の場合は通姦とされるなど、婚姻法上、婦女には多くの束縛があったという。第二節「訂婚（婚約）と婚約解除」では、男性側の婚約破棄は、理由の如何を問わず、法律上の責任はなかったが、女性が重複許婚の場合は、前夫のもとへ追帰され、主婚人は杖一百～徒刑一年半の刑を科せられた。その他、諸史料をあげて、婚約における男性の絶対的優位を提示し、これに対し、女性には何の保障もなかったという。

第三節「成婚の意義と家族の義務」。法律上、妻は「家事を伝え、祭祀を承く」の重任を負い、家族内において、良好な関係にある夫妻の果たす役割は対等であるが、一方、「妻を以って妾となし、婢を以って妻となし」、「妻有りて、更に妻を娶る」など、妻は商品化されていた。これに対する徒刑の規定もあったが、法令上、一妻多妾制であった。しかし、庶民の大部分は一妻制で、妻は名分上、法的に保障を得ていたなど、女性の地位の諸側面を紹介する。(1)夫妻関係　(2)妻と夫族の親族関係の二項からなり、後者は舅・姑との関係である。(1)では、夫が謀反・謀大逆等の罪を犯した時は、婦女は連座するが、婦人の犯罪は本人のみで、親族に波及しないとして、婦人は犯罪法律上、その地位に矛盾があるという。つまり、夫の家に対しては完全に義務を負うが、一方、婦人本人の犯罪の場合、父系・夫宗から脱離し、婦人は一個の完全なる独立した個体である。ここから見ると宋代女性が中国社会において負うところの責任・義務と、実際に獲得するところの保障は正比例せず、両者は矛盾すると解釈される。

しかし、果たして、婦人の犯罪に対する刑が夫族に及ばず、父系から脱離していることを以て、婦人の独立といえるのだろうか。婦人に対する刑が、男系家族に波及しないことを以て、婦人の独立と解するのであれば、同じ論理で解釈すれば、夫の刑が婦人へ連座するとは、刑法上、男性が独立していないと言うことになりはしないだろうか。妻の刑が夫族に波及しないとは、婦人が刑において、なお男系家族内に組み込まれておらず、排除されていたと解することは出来ないであろうか。

第四節「離婚の要件」は(1)七出　(2)義絶　(3)和離　(4)夫離郷して編管せられ、或は経久して帰らず、(5)妻擅に去る、(6)夫、妻を嫁せしめ、人の妻を和娶、(7)故なく離婚、の七項目に分けて考察する。游氏は、例えば、義絶とは離婚の条件であって、両性間に、相殴殺・乱倫等の義絶の行為があれば、法的に離婚の条件となった。最も重要なのは家族の利益であるが故に、義絶案件の処理上において、夫妻の立足点と地位は平等であったと見る。従来、離婚権は一方的に夫にあって、妻には無かったとし、或は、妻は夫の財産の一部で、売買自由と見るなどの通説を批判する。しかし、游氏は、これらの七項目の内容は、殆んど婦人に対する徳性、義務要求で、男性は棄妻・他去等自由で、男性に対する要求は見られない。大部分の婦人たちは、自己の権利を護ることを知らず、一たび、理由のない離婚が発生すると、妻は「宰割せらるるの地に陥りて、而も自ら知らず」、男たちの思うがままにされたという。

私からみれば、宋代の民婦たちが、「自己の権利」をわきまえていなかったという游氏の見方は、きわめて近代的発想にもとづいているように思われる。宋代の離婚に、女性の「権利意識」といった発想をそのまま持ち込むことが出来るのであろうか。また、(5)の「妻擅に去った」場合、徒刑二年の規定のみを示されているが、これはあくまで法律上の規定であって、いつでも適用されたとは限らず、法と現実の間には、ずれがあったことを考えなければならないであろう(『清明集』巻一〇夫婦)。

第五節「守節と再嫁」では、游氏は、必ずしも守節を女権の抑圧、不守節、或は再嫁を女権の擡高とは見ず、守節か否かによって、婦女の地位を判断する唯一の指標とすることは出来ないという。再嫁の回数の多寡によって女性の地位の高低をはかるのも、きわめて狭隘な考え方である。再嫁とは、一つの父系家族から、別の父系家族への移動に過ぎず、社会の根本構造が改変されない限り、女性は何時までも男系家族の礼法秩序から脱離出来ない。守節と再嫁問題は、婦女が自己の義務を執行し、身分的権利を享受したか否か、女性の自主権の有無によるという独自の見解を示され、「守節観念と実態」・「再嫁の実況」の二項に分ける。宋代知識分子の守節に関する見方は、必ずしも一つではないが、夫は妻に守志を、妻は夫に不再娶を求め、双方ともに相手に対する責任と義務の履行を重んじた。しかし、これは道徳規範の理想に過ぎず、実行されていたわけではない。現実には、夫の不再娶の記録は少なく、守節のことは女性に多い。宋人は再嫁を諱まず、守志か否かは、ただ女性が自主権をもっていたか否かにある。この点から見ると、女性は父母・祖父母を除いては、他人の関与を許さず、自己の再嫁、不再嫁に相当の自主権を有していたといわれる。

この節において、游氏は、女性の守節・不守節・再嫁の行為に対する自主権の有無を強調される。しかし、一方、再嫁とは、礼法秩序にもとづく父系家族間の移動に過ぎず、且つ、社会の根本構造が改変されぬ限り、女性はこの秩序から抜け出せないともいわれる。とすれば、女性が「自主的」に再嫁するとは、礼法秩序の父系家族の中に入ることを自ら選ぶということになろう。游氏の論理に従えば、女性は自らを男系家族の隷属の中に閉じこめ、礼法秩序の再生産をくり返すという、出口のない道を「自主的」に選択することになるのではないか。また、父母・祖父母を除いて、他人の関与を許さなかったことを以て自己の再嫁・不再嫁に自主権を有していたと判断されるが、「父母・祖父母に従う」自主権とは何か。

守節と再嫁は相反する行為で、再嫁は不守節であり、両者は矛盾する。勿論、当時、再嫁はありふれた行為で非難されることはなかったが、官僚士大夫は何故、「二夫に見えない」節婦を表彰したのだろうか。結局これもまた国家の礼法秩序に帰結する。自主権を以て守節・守志を選びとるとは、自ら、父系社会の礼的秩序のなかに身をおくことになるのではないか。烈女伝に出てくる守節・守志の女たちの「自主権」をすべて偽りとは言わないが、戦中派の私は、夫や息子たちの戦死に、「お国のお役にたてて光栄です」と人前で涙も見せずに、けなげに語っていた妻や母たちの虚像を思い出す。

第二章「宋代婦女の財産権」は、女児・妻・母親の三節に分けて考察している。ここででも、家族本位主義が基本で、宋代の財産処理方式における女性の従属的地位は明らかであるとの前提に立ちながら、その中で、女性労働が家族内における経済的地位を高めたとして、女子の財産継承を経済関係に結び付けて考察している。第一節「女児の財産権」は(1)嫁資　(2)父亡きあとの在室女の族産の継承　(3)戸絶の場合　(4)親子ある場合　(5)継絶者ある場合、に分ける。第四項の親子ある場合の女児の分産とは、われわれにも馴染みの深い「父母已に亡く、児女の分産は、女は合に男の半ばを得べし」(劉後村)という、所謂「女子分法」である。游氏は、島田正郎氏に従い、華中・華南水田地帯における女子労働力に対する要求の強い地方の習慣とみて、経済上の要求が「女承分」に密接に関連していたと、積極的に評価する。これについては、島田説のみが取り上げられているが、日本では既に、有名な仁井田・滋賀論争があり、最近では筆者も驥尾に付して、国際的にも論争が再燃していることを付記しておく。

第二節「妻の財産権」。粧奩等妻の財産は家族共財に含まれないが、婚姻関係が継続する限り「夫を主と作した」といわれる。これは「婦人財産、並同夫為主」をそのように読まれたものであるが、「並な夫と同に（ともに）主と為る」と読めば、夫だけでなく妻も共有権を有したことになろう。第三節「母親の家庭の地位と財産権」は、母権は妻として父権を承けたもので、絶対ではない。財産の管理権はあるが、所有権はなく、母権を相対的に捉え、孝道の絶対性を強調する。

第三章は、宋代婦女の職業類別からその社会的地位を考察されたものである。第一節「産業類」では、宋代には、両税その他、付加雑税が多く、女性も農事を助け、田植え・灌漑・舂穀・養蚕・紡織・手工業・商業等あらゆる分野にわたって労働に参加していたことを、豊富に史料を提示して、社会経済上果たした役割の多様性と活発性をのべる。第二節「雇傭雑役類」は、雇傭契約にもとづく婢と乳母を取り上げ、特に婢は、家が貧しく、自存不能のため売られたものが多く、更に、違法の人口拐売も指摘する。雇傭については身分関係も含めて、日本でも中国でも研究の蓄積があるが、割愛する。第三節「遊芸類」は、妓女・百戯雑芸の女たちを逐一紹介し、専門的才能を有し、男性に対抗出来る分野として、かなり活発であったと見る。第三節「雑類」では、丹念に女医生・助産士・屠殺業・女巫・媒人・牙侩などに従事する女たちを検証する。宋代の女性たちは、これまで考えられてきたよりは、はるかにさまざまな労働や職業に従事していた。しかし、その殆んどは家庭経済上の要求にもとづくもので、個人の自我形成のためではない。彼女たちは自主意識を問題にするに至らず、社会的地位の上昇の自覚もない。各分野にわたる労働参加は、あくまで補助的、付属的、或は被抑圧の役割に過ぎず、この種の現象は今も続いていると、現在につなげている。きわめて現代的発想からの評価で、これを宋代の女性に遡らせ、あてはめることが出来るのだろうか。上述したように「女承分」－女子の財産継承の背景に水田地帯における女子労働力の存在を想定されるのであれば、ここに挙げられているさまざまな労働も、何らかのかたちで女性の地位に影響を与えたとは考えられないであろうか。

第四章「宋代の妾の家庭内における役割と地位」は、(1)「納妾の原因と妾の来源」(2)「妾の家庭における地位及び其の夫族親族との関係」(3)「妾の財産権」(4)「妾の地位の改変因素」の四節である。中国の家庭成員中の一種の普遍的存在であり、家族主義の視点からみれば、祖宗の血統を絶やさない役割を果たしていた。しかし、妾の来源は売買で婢使に同じく、法律上も、家族主義からも、義務も権利もなく、家族体系の外におかれたという。

はじめにも述べたように、游氏は序文において、意欲的に従来の宋代女性像の見直しの姿勢を示されたが、得られた結論は、父系家族社会における女性の従属的地位であった。游氏は、最後に、宋朝では、婦女はいささかの自主性もなかったのだろうかと、あらためて最初の問いを問い直し、その鍵をにぎっているのは元朝ではないかとの見通しをたてられている。しかし、私には、女性の権利、自覚などあまりにも現代的感覚を物差しにして、宋代の女性をはかったために、そのような結論に至らざるを得なかったのではないかと思える。勿論、宋という時代が男性社会であったことは疑いようもない。ただ、その中で、游氏が随所に提示された再嫁・女承分・労働参加などの諸史料を解釈し直すことによって、もう少し前向きの方向を見出すことが出来たのではないかと思われる。

宋代女性の役割と地位について、数多くの史料を渉猟し、広い視野を以て考察した、すぐれて実証的な研究である。各章節ごとに意図する所を簡明にまとめ、自序、後記でもくり返し主張を整理するなど、懇切丁寧である。内容は多岐にわたり、言及すべくして出来なかった問題はあまりにも多く、著者に対して忸怩たる思いが残る。ご海容をお願いして、今後の研究の発展を心から期待する次第である。

（『中国女性史研究』九号、一九九九・一〇）

趙翼と女性史

学生の時、卒業論文のテーマに迷っていたころ、ある先輩から、「楊貴妃が面白いじゃないですか、それとも則天武后にでもしますか」などといわれて、冗談とも本気ともつかない話しぶりに、いささか複雑なる思いをかみしめた記憶がある。はじめから、特にそのつもりもなかったが、あらためて女性史はやるまいと、何となくそんな気持になった。以来、女性史について、これといって心にかけてきたテーマがあるわけでもないが、「気がついたこと」でもということなので、一、二書きとめてみることにした。

趙翼は「正史の紀・伝・表・志の中に就きて参互勘校し、その抵悟するところあれば、自らあらわれ、すなわち摘出してもって博雅の君子の訂正をまつ」とのべて、乾隆六十年、『二十二史箚記』三六巻を世に問うたが、その五年前に著した『陔余叢考』四三巻もまた正史を素材にしたものが多い。その雑学、博学には恐れ入るほかはないが、これらの中には、女性に関する項目がかなり目につく。ここで、趙翼の女性観がどうのこうのと詮議だてするつもりなどは毛頭ない。ただ、清朝考証学の代表的歴史家の一人として、趙翼がどのような視点にたって、正史の中から女性関係記事を「摘出」したかは、興味のないことでもない。正史の中で、庶民の女性に関する記事といえば、烈女伝である。いうまでもなく、ここにとり上げられている女性とは、節婦・義婦、孝女のたぐいである。それはそれなりに、読みようによっては、目くじらをたてなくとも「女の鑑」にも興味がもてるが、趙翼は、このような正史の儒教的烈女たちにはほとんど関心を示していないようである。

『陔余叢考』でとり上げているテーマは九百にも近いが、その中で女性に関する記事はかなり多い。「孕婦の刑を緩くす」（巻二七）や「重囚の妻孥の獄に入るを聴す」（同上）などでは、夫の罪に連坐して死刑になる妻の刑の執行を、出産まで延期したり、重罪犯の妻を獄中の夫のもとに送り、同宿を許した話など、正史の中からひろい出しているのは、彼の官僚的善政の発想であろう。しかし、「男人に女名あり、女人に男名あり」（巻四二）では、史書から博捜して実例を書きつらね、「女の扮して男と為る」と男装の麗人をのべれば、「男子の佳人と称す」を列記し、「童女、子を生む」、「老婦、子を生む」から、「妻を売りて再び合す」、「内監、妻を娶る」等々に至っては、博引傍証、その興味はとどまるところを知らない。「一門才女」では、『唐書』から引いて貝州宋廷芬の五人の娘たちが揃って才媛で、結婚を望まず、学問で身をたてた話である。五人ともども宮中に召されて学士とよばれ、后妃・諸王も師の礼をもって接したという、それにひきかえ「廷芬に男あり。独り愚にして教うべからず。民と為りて身を終る」と、逆現象を楽しんでいるのか嘆いているのか。纏足の歴史をのべた「弓足」（巻三一）では「蘇州城中、女子は足の小なるを以って貴しと為す、而れども城外の婦は皆、赤脚にて種田し、尚お、纏裹せず。蓋し、各々その風土に随う。一律を以って論ずべからざるなり」という見方をしている。

『二十二史箚記』になると、若干あらたまった感じがある。「武后の忍」（巻一九）では、「古来、無道の君の殺を好む者、……未だ唐の武后の忍の如き者はあらざるなり」と、王皇后を誣告するために、産まれたばかりの自分の女の子を縊殺したことからはじめて、その残忍な殺戮をかぞえあげる一方では、「人の諫めをいれ、人を知るは、また自ら及ぶべからざる」ところであるといって、人を用いる器量の大きさをあげて、「女中の英主に非ずと謂うべからざるなり」と、女帝としての客観的評価も忘れない。女性史という視点ではないが、武后政権が歴史研究の対象として重要な意味をもっていることを知ったのは、これを読んだのがきっかけになっている。

『明史』が、李自成、張献忠に流賊伝を立てているのを適切な処理としながらも、流賊の類はこの二人だけにとどまらないとして、その不備を指摘し、列伝の中から、自分で流賊伝を作成している（巻三六）。その最初に『明史』巻一七五、衛青伝から唐賽児をぬき出している。永楽十九年（一四二二）、蒲台（山東省）に乱を指導した唐賽児は林三の妻であった。一時はその勢力は一万をこえたが、その中にはかなりの女性もいたらしい。官軍は攻めあぐねて、再三にわたる鎮圧に失敗し、ようやく、衛青の援軍を得て、二千を殺し、四千余を捕えて殺し、危機を脱れたが、賽児はついに逃れ去って捕えられなかったと。『明史』衛青伝では「妖婦林三の妻」とあるが、『箚記』ではこの「妖婦」が落ちているのは無意識の書き落としであろうか。このあとに、葉宗留、鄧茂七、劉六、劉七等の記事がつづく。といって、趙翼がこのような「流賊」の存在を肯定したというのでは決してない。わざわざあらたに「流賊伝」をたてたのは、「間を伺い、ひそかに発する者」について「観覧の便に供する」ためであり、彼にとって鄧茂七とは、「悪佃の強を恃んで官を拒み、乱をとなえた」、「その凶悍を懲らすべき奸民」以外の何ものでもないのである。

趙翼は、一七六一年、殿試に第一位で合格しながら、乾隆帝の一存で三位に下げられ、その名声にもかかわらず、官僚として報いられることは少なかった。郷里にひきこもって著述に専念する生活にうつっても、官界への不信の念は、底流として心から消えなかったようである。といって、それに表だってたてつくには、彼の生きた時代は乾隆帝の盛世、安定の時代であった。苛斂誅求をほしいままにする明の悪質地方官を弾劾はし得ても、「民の我が朝に生まるる者、何ぞ幸せなるや」（巻三四）と異民族支配、清朝をたたえることを忘れなかった人物である。しかし、趙翼は、女性について多くを語りながらも、少なくとも、その素材とした正史から、唐賽児はひろい出しても、儒教的烈女、義婦、節婦、孝女のたぐいは「摘出」しなかったのである。

（『歴史評論』三三三号　一九七七・一）

二　宋代郷村社会と専制支配

宋代郷原体例考

はじめに

宋元代史料に、しばしば、郷原体例・郷原旧例・郷例・郷俗体例等の用語がみられ、従来、郷村の慣習、民間の慣行等と解釈されてきた。高橋芳郎氏は、この通説を全面的に批判し、郷原には郷村の意ではなく「従来の」とか「従前の」という原義がある。郷原体例とは、従前の方式、従前の規定と解すべきであり、その創出の主体は公権力である。郷原体例に基づいて行われた、水利をめぐる照田出資、業食佃力方式とは、これまで言われてきたような、在地における自律的慣行を意味するものではなく、むしろ、在地の地縁的結合にもとづく共同体的関係の欠如を示し、公権力によって、上から提議、施行された「公権力の側における〝従来の方式〟」を意味するといわれる。高橋氏は、郷原体例の分析を通して、単なる用語解釈ではなく、水利における公権力の主導性を強調し、宋王朝の農村支配構造の問題として考察された(1)。

筆者は、かつて、堤防の修築・灌漑等の水利をめぐって、郷村における地縁的共同体的関係の存在を想定し(2)、高橋氏の批判の対象となった者の一人として、批判に答える責任を感じてきた。郷原体例とは何か、本論文集が、地域社会の特集を組むにあたって、若干の考察を試みることとした。

一　郷原とは何か

郷原体例を、郷村の慣習と解釈する先行研究については、高橋氏が、玉井是博・仁井田陞・周藤吉之・草野靖・川勝守・森正夫・池濃勝利・唐長孺の諸氏、及び筆者等を紹介、批判されているので繰返さない(3)。高橋氏は、「郷原語義再考(4)」において、高橋継男・北田英人両氏が、それぞれに『全唐文』巻一一五に「震驚戸口、騒動郷原」、『全唐詩』巻三九六に、「邑吏斉進説、幸勿禍郷原」とあるのを引かれて、郷原が目的語として用いられている用例を紹介されたのに対し、高橋氏は二例ともに、郷原のあとに被修飾語として、秩序、状態等の語を補って読むことによって、依然として自説の正当性を主張された。愛宕松男氏の教示にもとづいて、郷原の郷とは、「在来の、原来の、固有の」等、つまり形容詞であって、「騒動」、

「禍す」の目的語ではない。従って、郷原を郷村とか民間の意味に解釈しなければならない例は見当たらないと断言される。しかし、上引二例は、何もわざわざ、秩序・状態等の語を補わなくても、「郷原を騒動する」、「郷原を禍すること勿れ」と、目的語に読んで差支えないように思われる。堀敏一氏によると、スタイン漢文文書一三四四号、開元戸部格で「逃戸の放棄した田土は『郷原の価』によって租佃されることになった」が、「郷原の価」は、『唐大詔令集』には「郷原の例」とあり、堀氏は、これを、「吐魯番にかぎらず、地方の民間にひろく租佃の慣習があったように思われる」、「経営の方法が政府の直接経営的性格の強いものから、郷原の例による一般的な租佃制に移ったところにあたらしさがあろう」と解していられる。(5)

宋、丘光庭『兼明書』巻一「社神」に、

又問曰。社既土神。而夏至祭皇地祇於方丘。又何神也。答曰。方丘之祭。祭大地之神。社之所祭。邦国郷原之土神也。……明曰。社者所在土地名也。

とあって、「社の祭る所は、邦国郷原の土神なり」という。社祭とは、郷原、すなわち、郷村の土地神の祭りである。(6)『欧陽文忠公文集』外集、巻九、時論「原弊」によると、百頃にも及ぶ大地主支配下の客戸・畬田夫等は、地主から高利の借金をしてでも、春秋二回の社祭に参加している。

『宋刑統』巻二七雑律「失火」に、

諸失火及非時焼田野者。笞伍拾《非時謂二月一日以後。十月三十日以前。若郷土異。宜者依郷法》

とあり、「議曰」として、

若郷土異。宜者依郷法。謂北地霜早。南土晩寒。風土亦既異。宜各須収穫総了。放火時節。不可一准令文。故云。各依郷法。

とあって、「郷土異なれば宜しく郷法によるべし」とは、北方は霜の下りるのが早く、南方は寒さのくるのが晩い、郷土によって気候風土が異なるから、放火の時期は、一律に令文に従う必要はない。それぞれの地域の郷土の法に依るべし、という。令文―公権力の指揮よりは、郷土の法が優先、重んじられたということであろう。高橋氏は、別の史料に依拠されてはいるが、「『郷例』とは『郷原の例』、『郷法』とは『郷原の法』の簡略形であろう」(7)といわれ、郷原とはいうまでもなく「従来の、原来の」意である。しかし、ここに言うところの郷法とは「若し、郷土異なれば、郷法に依るべし」とあるから、明らかに郷土の法という意味で、地域によって異なる郷原の法であろう。『宋史』巻一七三農田、大中祥符四年(一〇一一)の詔に、

火田之禁。著在礼経。山林之間。合順付令。其或昆虫未蟄。草木猶繁。輒縦燎原。則傷生類。諸州県人畬田。並如郷土旧例。自余焚焼野草。須十月後。方得縦火。

とある。「諸州県人の畬田は、並に郷土の旧例の如し」とあり、畬田とは火田のことである(8)。「十月を須ちての後、方に火を縦つを得」とは、右の『宋刑統』の「放火」に同じ内容である。州県人の畬田は、それぞれの郷土の旧例に従う、とあって、ここでも、郷土とある。郷原の意であろう。『長編』巻四八八紹聖四年(一〇九七)五月辛未条に、中書舎人蹇序辰の言をうけて、朝堂に榜示せしめた哲宗の詔に、

念今在廷之臣。鮮知事君之義。崇郷原以為善士。

というのは、今、在廷の臣たちは、君につかえるの義を知るものは少なく、郷原、つまり、自分の出身地

を重んじるものを善士としたというのであろう。唐から宋にかけて、官民共に、郷原を、郷村、郷士と解していたとみて差支えないであろう。

南宋後期、『清明集』にも、しばしば郷原体例の語がみられる。『清明集』巻四戸婚門、争業上、「曾沂訴陳増取典田未尽価銭」によると、

曾沂元典胡元珪田。年限已満。遂将転典与陳増。既典之後。胡元珪却就陳増名下倒祖。曾沂難以収贖。雖是比元銭差減。然郷原体例。各有時価。前後不同。曾沂父存日典田。与今価往往相遠。

とある。曾沂は、元と、胡元珪に典質した田の年限が満ちたので、その田を陳増に転質した。ところが、胡元珪は、この田を陳増名義に変えてしまったため、曾沂は、収贖し難くなった。そこで曾沂は、その田の代金を支払わせようと訴えた。「然れども、郷原の体例、各々時価有り。前後同じからず」とあって、「各々」の郷村で、それぞれに時価が異なり、時期の前後によっても価格差があった。郷原体例とは、各郷村間における価格の違いをいっているのである。これを、公権力側からの従来の方式と読むことは出来ない。高橋氏も、この郷原の体例については、「『郷村の慣習』と解しても差支えあるまい[9]」といわれている。上述、唐代でも、「郷原の価」は「郷原の例」とも言われていたし、後述するように、この価格差とは、それぞれの郷原で、田土の肥瘠が異なり、その相異にもとづいて、租の多寡、賦の軽重、価格の低昂が生じたという。

内容の引用は省略するが、他にも、税銭に関して「本郷の則例[10]」とか、土地の抵当について「所在郷例[11]」などとあるのは、各郷によって郷例が異なっていたことを示している。「湖湘郷例[12]」・「建陽郷例[13]」等も、

郷例が地域的なしばりの中にあることを示す用法である。郷原とは、郷村・郷土のことであり、郷例とは郷原の体例であり、しかも、郷例が判断に論拠を与えている。『清明集』巻三賦役門、限田「父官雖卑於祖、祖子孫衆而父只一子、即合従父限田法」は、限田法を適用される在官の父祖の死後、子孫への財産分析に関する判語である。(14) 詳細は略すが、陳某なるものが、父の官品に従って限田の分析を受けることになるが、「合に郷例に照らして、実に従いて指定すべく、郷司巧みに売弄を行うべからず」とある。郷司とは公権力の末端につながる存在として、郷村内に権威をもっていたというが、(15) 郷司が巧みに権力をかさにきて容喙することを認めず、郷例に照らして事実に従うことが求められ、郷例が基本であった。唐から宋にわたって、郷原には、郷村、郷土の意があったことを、先ず確認しておきたい。

二　官斗と郷原体例

『宋会要』食貨六九―一以下、宋量の項によると、宋朝は太祖の建国初、建隆元年八月十九日、新たに量衡を造って天下に頒って以来、一貫して、度量衡の統一をはかってきた。しかし、「天下権衡の法、一ならず」といわれ、罰則にも拘わらず、斗升秤尺の私造、私用、販売はやまなかった。紹興二年（一一三二）十月二十九日、詔を降して、文思院から官斗を出売し、州県に分給、使用させることとし、民間に通行していた私斗を禁止した。しかし、その後も、私斗は依然として通用し続けた。同じく『宋会要』食貨六九―一一宋量、紹興三十二年七月二十三日条によると、

戸部検坐、紹興二十九年十一月二十四日已降下指揮、造百合㪷秤行下、不得用郷原体例、仍暁諭州県。

とあって、租課の徴収に、「郷原の体例を用いるを得ず」として、郷㪷の使用を禁じ、あらためて一斗百合㪷の官㪷を行下した。ここにいう郷原体例とは、公権力側の百合官㪷に対立するもので、民間郷村に通行していた私㪷を意味し、これを公権力側が禁止したのである。この郷原体例を、公権力側からの、従来の、さきの方式と読むことは出来ないであろう。この指揮については、秀州嘉興県沈彦章等の進状がある。すなわち、

伏覩。紹興二十九年十一月二十四日已降指揮。諸州県応干租㪷。止於百合。如過百合以上。並赴所属毀棄。……今検坐紹興格式。或有私造升㪷増減者。賞銭五十貫。杖一百断罪。上件指揮。於民間実為良法。今来有産之家与糶米牙人妄称。已降官㪷。止係臨安府使用。窃詳。元降指揮用百合官㪷。縁為豪民私造大斗。交量租米。侵害小民。所以臣僚上言。備知紹興府会稽県陸之望。陳請百合租㪷事理。再行敷奏。製造衡改。戸部勘当因依。不許用郷原私弊。偽造大㪷。交量租課。

とあって、百合を超える枡は、所属に赴いて毀棄させる。紹興格式には、私造に対しては告賞と、杖一百の刑が定められていたにも拘わらず、有産の家や糶米の牙人たちは、「官㪷は、止だ、臨安府の使用に係わるのみ」、つまり、首都地域だけに通用する枡に過ぎない、といって、豪民たちは依然として、大㪷を私造して租米を交量した。枡の通用が、全国一律ではなく、地域的であったことを物語っている。戸部は、郷原の私弊を用いて、大㪷を偽造することを許さなかった。郷原は私であって、公ではない。この間の事情については、周藤吉之氏の研究に詳しい(16)ので参照されたいが、同じく、紹興三十二年九月二十八日条に

よると、

戸部言。臣僚劄子。契勘。民間田租。各有郷原等則不同。有以八十合九十合為㪷者。有以百五十合至百九十合為㪷者。蓋地有肥瘠之異。故租之多寡・賦之軽重・価之低昂係焉。此経久不可易者也。

とある。民間で佃租徴収に用いる枡が、それぞれに郷原によって大小同じでないのは、地域の地理的、自然的条件の相違、つまり土地の肥瘠が違い、従って収穫量も異なり、その相違にもとづいて租米・賦税・価格の低昂が違うためであるという。会稽県知事陸之望が偏見の私を挾み、百合㪷の官㪷の給売を主張したが、「戸部及び州県も亦た、其の行う可からざるを知っていた」という。政府公権力も、官㪷使用を実施出来ないことを承知していたのである。結局、臣僚の劄子をうけて、

下部看詳。本部欲依今来所乞。各随郷原元立文約租数。及久来郷原所用㪷器数目交量。更不増減。……所有陸之望申請。并今年七月二十三日用百合㪷交量指揮。更不施行。……従之。

とある。陸之望の申請、及びこの年七月二十三日の、百合㪷を用いて交量するという指揮は施行されないことになった。以後、郷原で元来立契していた租数に従い、久来用いてきた㪷器、郷原の枡によって納租されることになり、官が出売した百合㪷の官㪷は、戸部の手によってやめられた。民間郷原の枡が、上から行下されてきた官㪷をうけつけず、官は、郷原の体例を容認したのである。「郷原、元立せる文約の租数」とか、「久来、郷原用うる所の㪷器数目」等とある郷原とは、郷村民間で元来立てられていた佃租数とか、久来から民間で用いられてきた郷㪷の意味であろう。

紹興はじめ以来、政府は一貫して、文思院の百合㪷の官枡使用を要求し、大㪷の私枡を禁止してきた。

しかし、郷村に於いて、この指揮は全く守られていない。それぞれの郷村で、土地の肥瘠が異なり、民間の佃租は郷村によって等則が同じでないためであり、これは経久に変わらず、そう簡単に変えられるものではないという。民間の枡の大小がまちまちなのは、長期にわたる各郷村の慣行であった。

高橋氏は、ここに用いられている郷原を、いずれも従来の、さきの、とよまれている。はじめにも述べたように、氏によると、従来の規定とは、「公権力側における従来の規定」の意味であり、民間の慣習ではない。しかし、郷原の私弊によって大斛を偽造することを、官が禁じたのであって、郷原とは「私」であり、この「私」を禁止し、しかも出来なかったのが官、公権力側であった。ここにいう「郷原」を、さきの、従来のと解することは出来ないだろう。さきの、従来のと読んだ場合、その具体的内容が、いつの、何を指しているのか明らかでない。現に、この紹興三十二年七月二十三日条によると、「紹興二十九年十一月二十四日、已に降下せる指揮により、百合斛を造るを行下し、郷原の体例を用いるを得ず」とある。已に降下せる紹興二十九年十一月二十四日の指揮が、「さきに」降下した指揮のことであり、その内容は、百合斛官斛の行下通用と、郷原の体例の否定である。年月日が明確に示されていて、さきの、といった曖昧な表現ではない。上述、秀州嘉興県民沈彦章等の進状にも、租課徴収に官斛を使用することを、「紹興二十九年十一月二十四日、已に降せる指揮」といって、年月日は明確である。「元と降せる指揮」というのも百合官斛行下のことであり、これを罷めた時にも「今年（三十二年）七月二十三日、百合斛を用いて交量する指揮は施行せず」とあって、年月日を明示し、郷原とはいっていない。官斛と郷斛は対立関係にある。しかも官斛が郷原の私斛に敗れたのである。また、「各々、郷原の等則同じからざるあり」とか、

「各々、郷原元と立てる文約租数に随い」などともあって、郷原の上に「各々」の語句がついている。これは当然「各郷の相違に随って」の意である。

上述したように、民間の佃租徴収の枡は八十合㪷乃至百九十合㪷と、郷原の等則には大きな違いがあった。これについて一、二補足しておくと、『夷堅志補』巻七「沈二八主管」に、

呉興郷俗。毎租一斗為百有十二合。田主取百有十。而幹僕得其二。唯沈生所用斗為百二十合。是以鬼誅之。時淳熙十五年（一一八八）三月也。

とあり、湖州呉興県では、郷俗として佃租の徴収に百十二合の枡が用いられていたが、沈二八は貪欲で百二十合㪷を用いていたという。「郷俗」という語に注意しておきたい。同じく巻七「祝家潭」にも、

衢州江山県峡口市山下祝太郎。富而不仁。其用斛斗権衡。巨細不一。乾道八年（一一七二）七月。……是夕夢二青衣来言。汝家所用斗秤安在。夢中与之。二人各執其一。

とあり、同じく巻七「直塘風雹」にも、平江府常熟県の富民張氏の倉廩帑庫が、一つ残らず大風で掃蕩されてしまい、

随風宛転於半空。不知所届。常所用斗。大小各不同。凡十有三等。悉列門外。若明以告人者。

ともあって、富人地主層が、各自、大小の私枡を用いていて、枡の不統一が知られる。蘇州崑山県の地志『淳祐玉峰志』巻中、税賦、草蕩囲田営田沙田沙地塗田条に、淳祐七年（一二四七）、尚書省が田事所を設置してこれらの田の租額を増徴したが、没官田について「郷原の例に依り、斗器等しからず」とある。没官田とは、いうまでもなく、もと民田を官が没収したものである。とすれば、「斗器等しからず」とは、

右の如き、各富人地主等の用いる枡の不統一を言い、しかもそれが「郷原の例」、つまり、各郷村の慣行として用いられていたということであろう。

高橋氏は、「郷原体例」とは別に、「郷俗体例」、「民間自来体例」の如き用語があり、これこそが「郷村の慣習」、「民間の慣行」にふさわしい用語であるといわれ、「郷原の体例」と明確に区別される。[17] しかし、呉興で用いられていた郷俗の斗器とは、「郷原用いる所の𣁽器」とか、「郷原の例に依り、斗器等しからず」等、郷俗と郷原は共通して用いられている。呉興の郷俗とは、民間の話として『夷堅志補』に記されていた。郷俗とは、どちらかと言えば、民間の用語で、政府公権力側は、これを郷原の体例と言ったのではないかとも考えられる。後述するように、洪邁は『容斎随筆』巻四で、牛米を、「我が郷の俗」、つまり郷俗といっている。

『朱文公文集』巻二一「乞給借稲種状」によると、浙東大饑し、朱熹は常平茶塩公事として、旱傷対策に当たったが、婺州における種穀の給借について、

先拠婺州申。本州郷俗体例。並是田主之家給借。今措置。欲依郷俗体例。各請田主。毎一石地。借与租戸。種穀三升応副。

といっている。饑饉に際して、田主が租戸に種穀を給借すること、及びその量が、本州の郷俗体例に依って行われた。ここでも、本州とあって、地域にしばられている。凶年の佃戸救済として種穀の給借は、田主に委ねられ、それは郷俗の体例であった。種穀の給借と佃租の徴収はきりはなしては考えられないであろうが、その佃租の徴収に、郷原体例による民間の枡が用いられ、その枡は巨細大小まちまちであり、そ

れぞれの地域郷村の土地の肥瘠、収穫の多寡に対応したものであった。紹興年間、政府は文思院の官㪷を出売し、民間に分給、郷原の枡の使用を禁止した。しかし、地域に根ざして永年にわたり慣行として用いられてきた郷原の枡は、公権力側から行下されてきた官㪷を受入れなかったのである。

ちなみに、傅衣凌氏は、明代福建農村社会にも、「郷斗・郷租・郷科」等の名において、度量衡の紊乱と不統一があったことを指摘されている。郷を単位とする「郷例」の慣行・習慣が、中国封建社会の分割性を出現せしめ、中国型封建荘園の単行法規をつくり上げた。これは、単に度量衡だけの問題ではなく、中国封建社会の農民生活に対し、全面的な桎梏になったといわれている。(18)

三　官田経営と郷原体例

政府は官田経営においても、独自に官田方式をたてるよりは、郷原の体例に依拠していたようである。北宋以来、職田・営田・屯田等官田経営に関して、しばしば、郷原体例の語がみられる。先ず、北宋についてみると、『長編』巻四五咸平二年(九九九)七月壬午、外任官の職田について、

詔。三館秘閣検討故事。申定其制。以官荘及遠年逃田充。悉免其税。佃戸以浮客充。所得課租。均分如郷原例。

とある。「佃戸は浮客を以って充つ」は、『宋会要』職官五八―一咸平二年七月では、「長吏已下、人牛を募りて墾闢せしめ」とあり、職田耕作は、浮客を召募し、租課の配分は、郷原の例に従った。官荘―係官

田土は、恐らく荒田であったろうし、遠年の逃田も、当然荒蕪化していたと考えられる。「墾闢」という語がそれを示している。かかる荒田を開墾して得られた収穫物に対する租課は、民間の佃租配分例にもとづいたのである。同じく『長編』巻二七三熙寧九年（一〇七六）三月戊寅、新知岷州种諤の言によると、並辺の荒閑地を、蕃漢の兵・民を招いて耕種させ、収穫物は、郷原の例によって平分とした。ここでも官田耕作地は荒閑田である。恐らく、長期にわたって放置されてきた荒蕪地では、前例は不明になってしまっていたために、租課の配分は、その官田の所在する郷村の、周辺の民田の配分に従って定められたのであろう。「得る所の課租、均分すること郷原の例の如くす」とは、そういうことであろう。『長編』巻四七咸平三年十一月戊寅の詔に、

租賦之制。故有常典。如聞。均定以来。多歴年。所版図更易。田税転移。眷我王畿是政本。将従土俗当立定規。

とある。これは均税法に関する記事であるが、租賦が定められて以来、長年を経過し、その間に、版図も田税も変遷をかさねて、もとの租賦が不明になってしまったため、「土俗に従って定規を立てる」こととした。ここでは土俗の語が用いられている。同じく『長編』巻三〇二元豊三年（一〇八〇）正月壬辰の詔によると、群牧の廃監や諸軍班の牧地で、租課が積年にわたり逋欠していたため、「租地を案じ、郷原の例に依り、租課を定めた」という。その地域の郷村の慣行にもとづいて定規が立てられ、郷原の体例として租課の基準となっていたものと思われる。

南宋に入っても同じで、『宋会要』六九－四六逃移、建炎二年（一一二八）五月十一日条によると、河北・

陝西・京東等の路で金の捕虜となった人戸が拋下した田土のうち、已に親隣によって耕種され、収穫を得ているものについては、官給の牛粮・種子・功力等をはかって、郷原体例に従って、四・六、三・七等の割合で均分するという。後述、洪邁が郷俗といっている牛米と同じ方式である。その他、郷原の語は随所にみえるが、従来、郷村で行われてきた慣行、方式と解釈して差支えないようである。

『宋会要』食貨二一一五・六三一一〇〇営田雑録、紹興六年（一一三六）正月二十八日条、都督行府の言によると、江淮州県では、金との兵火によって荒廃した田土を耕墾するために、営田経営を行ったが、うまく行かず、「今、改めて屯田と為し、民間自来体例に依り、荘客を召して承佃」せしめることとし、「其の合に行うべき事件」、つまり、実施事項を記している。(21) 空閑田土・無主の逃田等の係官田を、毎県十荘とし、一荘五頃に客戸五家を招いて一甲となし、毎荘、耕牛五頭・必要量の種子・農器・菜田・居宅等を官給し、差役科配免除、無利息の銭七十貫を貸与し、収穫物の配分は、官・客間で中停均分とする等である。これらについて、

今来。屯田所招客戸。比之郷原。大段優潤。係取人戸情願。即不得強行差抑。

という。「之れを郷原に比し、大段に優潤に」するとは、田土・耕牛・居宅等の官給、差役科配免除、無利息の銭貸与等々の諸施策を、郷村民間の地主経営地における佃戸に比べて、大いに優潤にするといっているのである。これらは、「民間の自来体例に依って、承佃せしめた」荘客に対して実施しようとしたものである。高橋氏は、これについて、「屯田自体が〝郷村〟部に設置されたものである以上、『郷原』を『郷村』と解したのでは意味をなさず、また『郷原』＝『民間』として、『これを民間に比べれば大いに優

潤である』と解するのも、この屯田が『民間自来体例』に依拠して経営されるものである以上不合理である(22)」といわれているのは、意味がよくとれない。「屯田自体が『郷村』部に設置されたものである以上……」といわれるが、今、営田を改めて屯田にしようとしている官有田土も、民田も共に郷村に存在することは、言うまでもない。しかし、この営田＝屯田の田土は荒廃の官田であり、同じく郷村に所在する民田とは別の経営である。この荒廃の官営田を、「民間の自来体例」に従って、荘客を招いて屯田経営を行い、その屯田を承佃する荘客に対し、郷原に比べて大いに優遇策をとろうとしているのである。とすれば、郷原とは、この場合、郷村民田経営における、地主支配下にある佃戸の状態を意味すると考えざるを得ない。屯田経営は民間経営に依拠していたものと思われる。少し時代は下るが、『宋会要』食貨六－一九墾田雑録、慶元元年（一一九五）二月一日条に、

詔。両浙転運司行下所部州県。委自守令。専切措置。将係官荒田。召人耕種。権免収課子五年。其種子牛具。并逐月合用粮食。並従官給借。

とあって、両浙転運司管轄下の州県において、官の行う墾田が、上述、屯田経営と同様、耕作者を招いて行われ、更に続けて、

如有已請未耕之田。亦仰勧諭有田之家。募人耕墾。多方存恤。其合分子利。並依逐郷体例施行。餘依令。

とある。荒田を請佃しながら、耕墾しないまま放置してある官荒田は、有田の家を勧諭して、人を募って耕墾せしめ、収穫物の配分は、「逐郷の体例」に依ることとした。「逐郷体例」とは郷原体例と解すること

が出来、荒田の所在するそれぞれの郷村における佃租の配分慣行に従うというのであろう。「逐郷体例」とは、それぞれの郷における民間の慣行、方式であり、「餘は令に依る」という「令」は公権力側の法令である。逐郷体例に依る以外のことは、令に従う、ということで、両者は対比の関係にある。逐郷体例は民間側の方式である。洪邁『容斎随筆』巻四「牛米」に、次のような記事がある。

予観今我郷之俗。募人耕田。十取其五。而用主牛者。取其六。謂之牛米。

洪邁は饒州鄱陽の人であるが、この地方の民田では、収穫物は折半、地主の牛を借りたものは、配分は六・四となり、これを牛米といったといい、かかる配分を、「我が郷の俗」、郷俗といっている。右の官荒田の収穫物配分に関する「逐郷の体例」とは、洪邁の言う郷俗に共通しているとみて差支えないだろう。『宋会要』食貨二―一八・六三―一〇六営田雑録、紹興六年(一一三六)九月二十一日条に、都督行府の言として、

諸路州県。将寄養牛。権那一半。許闕牛人戸租賃。依本処郷原例。合納牛租。以十分為率。量減二分。

とあって、諸路州県の寄養牛を、欠牛の人戸に租賃させることにし、牛租は郷原の例に依り、且つ、その二分減とした。「本処の郷原の例」と、本処とあるのは、寄養牛租賃の行われるそれぞれの地域の郷村の方式に従うということであろう。洪邁の出身地鄱陽では、郷俗として一割の牛租がとられていた。上述したように、民間側で郷俗、土俗等といわれていた語を、公権力側では、郷原の体例と称することが多かったのではないかとも思われるが、後考を俟ちたい。郷俗と郷原が別であったとはいえないであろう。

『宋会要』食貨一―四三・六三―一一三農田雑録、乾道元年(一一六五)九月三十日条によると、浙西・

江東・淮東路等の官田について、諸州の沙田蘆場には、現行の税租法があるにも拘わらず、

止縁官戸侵耕冒佃。見占頃畝。致失常賦。及租佃人戸。計嘱州県。従軽立租。

とあって、官戸の侵耕冒佃によって占有されている頃畝は、常賦を失し、一方、租佃の人戸も州県に計嘱して税租をごまかしていた。その対策をたてたが、

昨雖紹興二十八年委官措置。縁督令厳速。開具不実。所立租数。不照郷原体例。一等施行。詞訟不已。致有衝改。

という。立定の租数は郷原の体例に照らさず、一律に施行してしまったために、詞訟がやまなかったという。これに対し、高橋氏は「官田所は沙田蘆場に対する両税賦課が『郷原の体例』に照さず一律に施行されたことによって生じた弊害を除くべく対策を示しているのであるが、その対策は『郷村の慣習』に従えというものではなく、いずれも公権力における規定・指示に則って行なえというものである。したがって、ここでも『郷原の体例』は『従来の指示』と解するよりほかないのである[23]」といわれている。果たしてそうであろうか。高橋氏は省略されているが、氏の引用に続けて、

其官民有侵占寛剰頃畝。及有経官請佃数。並合取見詣実。照色額肥瘠比見。立税上添立租課。乃許見占田人。限一月自首。如限満不首。許諸色人陳告取賞。将所告之数。全給告人承佃。戸部契勘。官民戸侵占請佃添租事。合照前項已降指揮。起理施行。餘依所乞。

とある。これが「郷原体例に照さず、一等に施行」した結果、生じた弊害を除くための対策である。官・民、すなわち、官戸の侵耕冒佃による常賦の欠失と、民戸－租佃人戸の租課の不正な軽減に対応する措置

である。官—官戸が侵占している頃畝と、民—租佃人戸の請佃している土地について、官僚が、郷村の現地に赴いて事実を確め、土地の色額肥瘠に照らして租課を添立するというのである。これに対して、戸部の下した判断は、「官戸の侵占と、民戸の請佃田土に対する添租のこと」は「前項の已に降せる指揮に照らして、起理施行せよ」というものであった。「已に降せる指揮」とは、上引、紹興二十八年に、官に委ねて措置せしめたもので、「郷原の体例に照らす」ことであった。その時は、「督令厳速、開具実ならず。立つる所の租数は、郷原の体例に照らさず、一等施行」したために、うまく行かなかった。その時の弊害を除くべく、今、あらためて郷原の体例に照らして施行することが求められた。紹興二十八年の措置の再確認であって、郷原体例を否定したのではないであろう。官側が、上から一方的に、一律に規定・指示を強制行下するのではなく、各郷の郷例に従うことを指揮した、と解したい。さきに、『清明集』巻三「限田」項でみたように、郷原の体例に従うとは、「郷例に照らして実に従う」ことであった。ここでも、現地に赴き、その田土の色額・肥瘠に照らすことが、実に従うことであり、郷原体例に照らすことであったようだ。郷原体例とは、各郷で、永く行われてきている事実関係に根ざして成立していたのであろう。だから「経久に易うべからず」といわれたのであろう。ちなみに、高橋氏の言われる「従来の指示」とは、紹興二十八年、官に委ねた措置のことで、戸部言うところの「前項已に降せる指揮」も同じく、紹興二十八年の措置のことであろう。繫年が明らかに示されていて、「さきの・従来の」といった曖昧な表現ではない。

郷原の体例に照らして租数を立定するとは、どういうことなのであろうか。『慶元条法事類』（以下『事

類』と略す）巻四七賦役門一「拘催税租」条、賦役令[24]に、

諸人戸。開耕䵷地。種成苗稼者。令佐親詣験実。標立頃畝四至。取郷例立定税租。以伍分為額。仍免肆料催科。

とある。荒地を開耕して収穫を得るに至った人戸に対しては、令佐―県令・主簿・県尉等―が現地に行き、実態をよくしらべて、その面積・所在を確認し、税租の立定は郷例に従った。新たに開耕された荒地の税租の立定は、その開耕䵷地の所在する郷村の、周辺の方式にもとづいて定められたのであろう。同じく『事類』巻四九農桑門「勧農桑、農田水利」田令に、

諸陸田興修為水田者。税依旧額輸納。即経伍料。提点刑獄司報転運司。依郷例増立水田税額。

とある。あらたに、陸田を興修して水田とした場合にも、五料（一年夏秋二料）の納税期間は旧額、つまり、陸田のままにし、五料期間を経て、水田の税額に増額するが、これは郷例によった。郷例に依り税額を増立するとは、郷例、つまり新たに興修した水田の所在する郷村の周辺の水田税額にもとづいて定められたのであろう[25]。両税額は、地域によってまちまちで、全国一律ではない[26]。『事類』は、南宋中期の法典を集めた書で、上引二文は共に令文である。令文に、さきの、とか、従来の、といった不明確な語が用いられたとも思われない。

四　水利修築と郷原体例

はじめにも述べたように、高橋氏は、この時代の水利治田方式について、従来、「照田出資」・「業食佃力」が郷原体例の下に行われ、これを郷村の慣習、民間の慣行と解し、そこに地縁的結合関係をよみとろうとする見解を批判されている。そこで、氏がその論拠とされている史料を検討してみたい。少し長文であるが、繁をいとわず、重ねて引用する。『宋会要』食貨八水利下、乾道六年（一一七〇）十二月十四日条に、監行在都進奏院李結の言として、先ず、

(イ)　蘇湖常秀所産為両浙之最。自紹興十三年以来。屢被水害。議者皆帰積水不決之故。以為積水既去。低田自熟。第以工役浩煩。事皆中輟。[A]臣有管見。治田利便三議。一曰敦本。二曰協力。三曰因時。

とあり、両浙穀倉地帯の水害対策として、敦本・協力・因時の三者をあげ、一つ一つについて、自説を陳述する。

㈠乞詔監司守令。相視蘇湖常秀諸州。水田塘浦緊切去処。発常平義倉米。随地多寡。量行借貸。与田主之家。令就此。農隙作堰車水。開浚塘浦。取土修築両辺田岸。立定丈尺。衆戸相与併力。官司督。以必成。且民間築岸。所患無土。今既開浚塘浦。積土自多。而又塘潤水深。易以流泄。田岸既成。水害自去。此臣所謂敦本之義也。

㈡結又以為。百姓非不知築堤固田之利。然而不能者。或因貧富同段。而出力不斉。或因公私相吝。而

因循不治。非協力不可。
㈢百姓所鳩工力有限。必頼官中補助。官非因饑歉。難以募民興役。非因時不可。
㈫詔。李結所陳。縁所費浩大。令胡堅常相度措置。胡堅常看詳。李結所議。誠為允当。今相度。欲鏤板暁示。民間有田之家。各自依郷原体例。出備銭米。与租佃之人。更相勧諭監督。修築田岸。庶官無所損。民不告労。詔。従之。[27]

Bの部分は『宋史』巻一七三食貨上一農田、同年月条には、

詔。令胡堅常相度以聞。其後戸部以三議切当。但工力浩瀚。欲暁有田之家。各依郷原。畝歩出銭米。与租佃之人。更相修築。庶官無所費。民不告労。従之。

高橋氏は、㈡の李結の言から「協力」関係が在地において成立していなかったとし、㈫の「各自依郷原体例」は、「出備銭米」のみにかかり、照田出資方式を意味する。これに対し、地主佃戸関係に依拠する業食佃力方式は、郷原体例ではないと、両者を切離し、次のように結論される。すなわち、「この時点における浙西地方の水利濬築は、公権力の強制・勧諭を媒介として、公権力側における『従来の方式』たる〝照田出資〟方式に基づく銭米の出備と、地主佃戸関係に依拠する〝業食佃力〟方式の新たな採用によって行われ」、「公権力によるかかる方式の採用は、共同体的関係に基づく自律的な水利濬築方式が、未だ在地に定着・普及しておらず」、「胡堅常の言う『郷原体例』が、公権力の側における水利政策としての『従来の方式』である」[28]と解釈される。

そこで、私なりに、この史料を読んで行くと、先ず、李結言うところの、㈠「本を敦くす」とは、常平

義倉の官有銭米を発し、所有田土の多寡に随って田主に借貸し、衆戸と相与に力を併せて、農隙に開浚・修築せしめようとするものである。これに対し、(ロ)によると、政府側は、詔して、李結の提議は、官の出費が浩大であるという理由で、胡堅常に命じて相度、措置せしめた。胡堅常はこれをうけて検討した結果、「李結の陳する所は、費す所、浩大」であるため、常平義倉銭米の発出の議は採用しなかった。しかし、「李結の議する所は、誠に允当」であるとして、鏤板暁示して実施されることになった。(イ)に「工役浩煩、皆な中輟」したというのは、紹興十三年以来の、この地方の積水排除が、民間の工力に依存して行われたが、うまく行かず、中止されたというのであろう。李結は、この民間の重い負担の解決策として、常平義倉銭米の発出を提議したものと思われる。この提議が却けられたのは、「費す所浩大」(B)、「工力浩瀚」(B′)というのがその理由で、官側の出費が大きすぎるというのである。これに対し、「誠に允当」とか、「三議は切当」といわれて実施されたのが、郷原体例方式であった。有田の家が、それぞれに、各自が居住する郷村の、郷原の体例に依って銭米を出備し、租佃の人に与え、たがいに協力して修築するという方式である。「官の費す所なく」とは、言うまでもなく、常平義倉銭米を出さないことであり、「民、労を告せず」とは、租佃の人が、有田の家が出備した銭米をうけて、有償の労働力を提供することであろう。田主が銭米を衆戸に与え、衆戸と相ともに開浚・修築するという方式が、郷原体例方式であったものと思われる。李結の提議が「允当」であるとされ、鏤板暁示して、実施されることになったのは、これが、郷原方式であったためと考えられる。

高橋氏は「各自依郷原体例」は、「出備銭米」のみにかかり、照田出資と解され、「出備銭米」・「畝歩出銭米」の「出」を徴収とよまれるのは、公権力による水利政策と考えられ、郷原体例を公権力側からする従来の方式とされるためであろう。しかし、これは、地主が銭米を供出するのであって、公権力が地主から銭米を徴収するのではないであろう。「各自、郷原の体例に依って、銭米を出備する」という、その主語は、民間有田の家である。この有田の家が「出備した」銭米を租佃の人に与え、租佃の人が労働力を提供し、両者が、銭米の供出と、労働力の提供という関係において修築するというのが郷原の体例であったのではないか。郷原に「各自」の語が冠せられているのは、上にもみてきたように、郷原が、しばしば、「各々」とか「逐郷」といわれていたのに共通する。これは、詔勅、法令の如く、全国一律にではなく、各地域郷村の諸条件の相異にもとづいて、各郷村に異なった慣行、方式があったことを示し、郷原とは民間側のことで公権力側ではないと考えられる。『宋会要』食貨八―六・六一―一一六水利、乾道元年（一一六五）正月十四日条に、知徽州呂広問の農田水利に関する条奏があり、塘堨規約十三条が記され、実施されることになったが、その第二条に、

若郷例私約輪充、於官簿内、開説充知首人。尽売田業、新得産家、雖合充、止輪当末名、不得越次、仍批官簿。

とある。塘堨の水利管理の責任を負う知首についてであるが、郷例の私約によって知首に輪充した場合、官簿に知首人に充てたということが記録された。郷例は郷原の体例であり、郷例による知首輪充は、私約であった。郷例の私約によって決められた知首を、官が承認して官簿に記入したのであろう。

なお、右の民間有田の家の銭米出備と、租佃の人との関係については、例えば、『宋史』巻一七三食貨

上農田、乾道二年六月、知秀州孫大雅の言によると、秀州の拓・澱山・当・陳等の湖の水害対策として、
若於諸港浦。置牐啓閉。不惟可以洩水。而旱亦獲利。然工力稍大。欲率大姓出錢。下戸出力。於農隙修治之。

とあって、工力が大きいため、民間の「大姓に銭を出させ、下戸に力を出させよう」と大姓と下戸の関係がみられる。『宋会要』食貨七―四三・六一―一〇九水利雑録、紹興六年九月二十三日条には、温州の進士張頠の言として、旱凶のため、水利工事の興役を説き、

前去集善郷陶山河。勧率豪戸。情願出備銭米。給散貧乏之人。同共修築陂塘。蓄水灌漑。因便賑済小民千余家。各免飢乏。功効尤著。

とあり、豪戸にすすめて銭米を出備、貧乏の人に給散し、共に陂塘を修築せしめ、その結果、小民千余家が飢えを免れたという。或は、袁采『袁氏世範』巻三治家「修治陂塘、其利博」にも、

池塘陂湖河埭。有衆享其漑田之利者。田多之家。当相与率倡。令田主出食。佃人出力。遇冬時修築。令多蓄水。

とあって、陂塘の修治に地主たちが率先して「田主出食、佃人出力」を提唱する。「下戸」とか「貧乏の人」とは、佃戸だけには限らず、中小土地所有者も含まれていたであろう。いずれも、特に、郷原の体例とはいっていないが、これら水利における大姓出銭、下戸出力、豪戸の出備銭米と貧乏の人への給散、田主出食と佃人出力等の関係は、胡堅常の「各自、郷原体例に依った」という、民間有田の家が銭米を出備し、租佃の人に与えるという両者の関係と共通している。高橋氏は、出備銭米は、公権力側からの照田出

資であり、これが郷原体例方式であるとされ、業食佃力とは明確に区別されているが、有田の家の銭米出備と、租佃の人への給与を、きりはなして考えられるのであろうか(29)。上述したように、田主が租戸に種穀を給借することも、郷俗体例であった。

おわりに

はじめにも述べたように、宋代史料に、しばしばあらわれる郷原体例・郷原旧例・郷例等の語は、従来、郷村の慣習、民間の慣行と解釈され、ここから在地における自律的慣行の存在が想定された。高橋芳郎氏は、この通説を全面的に批判し、郷原には、郷村の意ではなく、従来の、さきの、という原義があり、郷原体例とは、公権力側から提議、施行される従来の方式の意であり、あくまで公権力主体で発せられる方式である。若し、郷村の慣習とか、民間の慣行と訳すことが出来る語があるとすれば、郷俗体例・民間自来体例等の語句こそふさわしく、郷原体例とは、明確に区別された。

しかし、唐から宋にかけて、郷原が、明らかに郷村、郷土の意に用いられている例は多く、「郷土異なれば郷法によるべし」とも言われて、各郷土の地理的・自然的条件の相異にもとづいて郷法がたてられ、郷法が政府の令文に優先した例もみられた。『清明集』にも、所在郷例・湖湘郷例・本郷則例等、地域的なしばりをもった郷原体例の用法も少なくない。郷俗・土俗等の語は、一概には言えないが、「我が郷の俗」の如く、民間で用いられる例がみられ、政府公権力側からみて、これを郷原体例と言ったのではないかとも思われる。郷俗体例の如き用語もあり、郷原と郷俗が別で、郷原が公権力側、郷俗が民間と使い分けられていたとはいえず、郷原体例とは、各地域郷村の相異にもとづく、それぞれの郷村の慣行、方式と解して差支えないと思われる。

宋朝は、建国以来、度量衡の統一をはかったが、郷村では、租課の徴収に大小の私㪷が通行していた。南宋初以来、政府は文思院の百合官㪷を製造、民間に分給して、官㪷の使用を強制し、郷原体例にもとづく郷㪷の使用を禁止した。しかし、長年にわたって用いられて来た「等則等しからざる」郷原の私枡の使用はやまなかった。各地域によって土地の肥瘠が違い、収穫量も差があり、それにもとづいて租の多寡・賦の軽重・価格の低昂が生ずるのであるから、経久にこれを変えることは出来ないという。有産の家は百合官㪷は臨安府に通用する地方的な枡に過ぎない、と言い、戸部・州県も官㪷の使用を実施出来ないことを承知していたという。結局、政府は官㪷の通行を断念し、郷原の体例にもとづく郷原の枡を容認した。官㪷が公権力側であり、公権力が「郷原の体例を用うるを得ず」といって、郷㪷を禁止したのであるから、郷原体例は民間側であり、私であって、公権力側の従来の規定、方式ではあり得ないし、なお且つ、官㪷は郷㪷に敗れたのである。

宋代、職田・営田・屯田等、官田経営が行われ、荒田開墾策がとられたが、ここでも、荘客の招募、租課の配分等は、郷原の体例に依拠した。官田が所在する州県下の、郷村の周辺民田の経営方式を基準としたものと思われる。官が有田の家に勧諭して未耕の田を耕墾させ、子利配分は「みな逐郷の体例に依り」、それ以外のことは、「余は令に依った」ことは、上にみた通りである。令は政府の法令、逐郷体例は民間であろう。
両浙穀倉地帯の水害対策として、「民間有田の家、各自、郷原の体例に依り、畝歩に従って銭米を出し、租佃の人に与える」という郷原体例とは、民間における有田の家の銭米の供出と、租佃の人の労働力の提供という関係を示していると読みたい。田主が租戸に種穀を給借するのも郷俗体例であった。郷原体例の語は、各々、各自、逐郷等の語を伴っていることが多い。公権力側の詔勅法令が全国一律であったのに対し、郷原体例とは、各地域郷村における地理的自然的諸条件の相異、土地の生産力の格差等にもとづき、年月をかけて成立してきた各郷村の慣習、慣行と考えられる。公権力側からの具体的な提議、措置、指揮等には、発動の年月日等が明示されていて、そのような場合、郷原の語は用いられていない。南宋の法典集『慶元条法事類』にも、しばしば「郷例に依る」の語がみえるが、政府の令文に、いつの、どれかもはっきりしない、さきの、従来の方式、という如き曖昧な語を用いたのだろうか。郷例に依るとは、郷村現地の事実にもとづくことであった。

以上のように考えたからといって、水利濬築等をめぐって発せられる公権力側の提議、施行を否定するつもりはない。私も、かつて、宋代、私的土地所有の発展の下で、地主の大土地経営、佃戸支配の中にまで、公権力が介入していたことなど、宋代専制支配の問題として考察したことがある。(30) 水利に関する史料をみただけでも、それが官主導のもとに発動される場合が多かったことは、王安石によって強力に推進された新法の一つ、農田水利の法をまたずとも明らかである。その点に関しては、私も高橋氏に賛成である。しかし、問題は、公権力が、その政策を、郷村支配において、具体的にどのようにして実施し得たかである。官がいつも、上から一方通行的、直接的に個々の農民に対して政策を実現することが出来たのであろうか。

周藤吉之氏によると、当時、陂塘の修治には、陂長・塘長・陂頭・団頭等がおかれて、彼等は上等戸、大田戸が選ばれたという。(31) 上述したように、地主の銭米をうけて、労働力を提供したという「下戸」、「貧乏の家」とは、佃戸に限らず、零細自営農層も含まれていたものと思われる。これは、郷村において、地主・佃戸・中小土地所有者等は、バラバラに存在していたのではなく、再生産の過程において、相互に何らかの地縁的共同体的結合関係が成立していたことを推測せしめる。かかる関係の下で、地主層は、有力戸として、佃戸だけでなく周辺農民に対して一定の支配力を有し、政府公権力は、かかる地主層を掌握し、地主層が郷村内において、小農民に対して有する影響力を媒介として郷村支配を実現して行こうとしたのではないか。職役制もそのようなものとして理解したい。

それぞれの地域郷村において、地理的自然的条件が異なり、土地の肥瘠にもとづく生産量に地域格差があり、そのような条件の相違に根ざして、郷原の体例、郷村の慣行、方式が長年にわたって形成されてきたのではないだろうか。郷原体例に依ったという、佃租徴収における郷原の大㪷、荘客の招募、租課の配分、種穀の給借、水利における田主出米、佃戸出力の関係など、いずれも郷原体例が地主・佃戸関係に緊密にかかわっていたことに注意しなければならない。かかる郷原体例は、農民生活の中に根を下ろし、慣行化したものであろう。政府公権力は、その最末端行政においてかかる関係を容認し、依拠しつつ、農民支配の実現をはかったのであろう。

なるべく高橋氏の史料に即して考察しようとしたため、なお、検討すべき多くの史料、問題を残してしまった。元代にも郷原体例の用語がみられるが割愛する。すべて、今後の課題としたい。

註

（1）高橋芳郎「宋代浙西デルタ地帯における水利慣行」『北海道大学文学部紀要』二九－一、一九八一（以下、A論文）、「唐宋間消費貸借文書試釈－賠償利息文言をめぐって－」『史朋』一四、一九八二（B論文と略す）。

（2）拙稿「郷村制の展開」岩波講座『世界歴史』九、一九七〇、『宋元郷村制の研究』創文社一九八六所収。

（3）註（1）A論文、一～六頁、及び三三頁、註（11）。

（4）註（1）B論文、二頁以下。

（5）堀敏一『均田制の研究』岩波書店一九七五、三二〇～三二一頁、及び三二五～二六頁、註(37)・(38)。

（6）社祭については、曾我部静雄「社会という語の意味」『文化』二六－一、一九六二、『中国社会経済史の研究』吉川弘文館一九七六所収。金井徳幸「宋代浙西の村社と土神」宋代史研究会研究報告第二集『宋代の社会と宗教』汲古書院一九八五。金井氏によると、この土神については『南潯鎮志』(湖州烏程県)巻二六の碑刻に記録され、咸淳六年のものであるという。田仲一成『中国祭祀演劇研究』東京大学出版会一九八一、第一篇第一章、社祭儀礼の芸能化、第二節　唐・五代期、第三節　北宋・南宋期等参照。

（7）註（1）B論文、四～五頁。

（8）范成大『石湖居士詩集』巻一六「労畬耕《并序》」に、「畬田、峡中刀耕火種之地也」とある。峡州は荆湖北路。『宋会要』兵二六－二六刀制「着袴刀」、天聖八年（一〇三〇）三月、詔して、川峡路における着袴刀を禁止したが、同年五月、利州路転運使陳貫の反対論に「畬刀是民間日用之器。川峡山嶮（険）。全用此刀。開山種田。謂之刀耕火種。今若一例禁断。有妨農務」とある。上引、『欧陽文忠公集』巻九原弊の「畬田夫」も同義と思われる。大沢正昭「唐・宋畬田考」日野開三郎博士頌寿記念論集『中国社会・制度・文化史の諸問題』中国書店一九八七。本論の主題と直接関係ないが、小林義広「『原弊』小考」『東海大学紀要文学部』五八、一九九三参照。

（9）註（1）A論文、三五頁、註(22)。

（10）『清明集』巻三賦役門、限田「帰併黄知府三位子戸」。

（11）同右、巻六戸婚門、争田業「陸地帰之官以息争競」。

（12）同右、巻九戸婚門、庫本銭「背主頼庫本銭」。

（13）同右、巻五戸婚門、争業下「争山各執是非当参旁証」。

（14）限田法については、周藤吉之『宋代官僚制と大土地所有』社会構成史体系、日本評論社一九五〇。

（15）郷司については、周藤吉之「宋代郷村制の変遷過程」『史学雑誌』七二―一〇、一九六三、『唐宋社会経済史研究』東京大学出版会一九六五所収。梅原郁訳註『名公書判清明集』同朋舎一九八六、八三頁、註（6）・一三二頁　註（1）。

（16）周藤吉之「北宋末・南宋初期の私債および私租の減免政策」『東洋大学大学院紀要』九、一九七三、『宋・高麗制度史研究』汲古書院一九九二所収。同「南宋の耗米と倉吏・攬戸との関係（補）」、「南宋斛斗マス考」『宋代史研究』東洋文庫一九六九所収。

（17）註（1）A論文一三頁。

（18）傅衣凌「明清時代福建佃農風潮考証」『明清農村社会経済』三聯書店一九六一、一六九～一七〇頁。森正夫氏の書評、『東洋史研究』一二―二、一九六二参照。

(19) 周藤吉之「北宋に於ける方田均税法の施行過程」『中国土地制度史研究』東京大学出版会一九五四所収。

(20) 註(1)A論文(一一頁)、B論文(三頁)によると、「『郷原』の『郷』は、同義語としては『嚮』より『鄉』の方が相応しいであろう」という、愛宕松男氏の見解をあげられ、これに従っていられるが、管見の限りでは「嚮」はここだけで、今のところ「鄉」は未だ見当たらない。

(21) 周藤吉之「南宋に於ける屯田・営田官荘の経営」『中国土地制度史研究』三一三頁以下に詳しい。

(22) 註(1)B論文三頁。

(23) 註(1)A論文、一二～一三頁。

(24) 『事類』巻四九農桑門、「勧農桑」賦役令にも同文がある。

(25) なお、この『事類』の水田の税額は郷例によっている。税額が土俗、郷原の例によった例は、上引、北宋、咸平三年、田税について「土俗に従いて、当に定規を立つべし」とあったし、『宋会要』食貨七〇―一五賦税雑録、元豊六年(一〇八三)七月二十八日(『長編』巻三三七)にも御史翟思の言として、唐州で「郷原の例に依り起税」とある。一方、上述したように、官田の佃租が郷原体例によって配分された史料も多い。租課・税租といった用語もあり、郷原体例と税・租の関係についての詳細は後考に俟ちたい。

(26) 周藤吉之「宋代の両税負担」『中国土地制度史研究』所収。

(27) A・B・B′は高橋氏、(イ)・(ロ)、及び(一)・(二)・(三)は筆者が付した。

(28) 註(1)A論文、六～一五頁、二六頁以下。

(29) 浜島敦俊「業食佃力考」『東洋史研究』三九―一、一九八〇は、高橋氏の見解を支持されている。

(30) 「宋代地主制と公権力」『東洋文化』五五、一九七五。

（31）周藤吉之「宋代の陂塘の管理機構と水利規約」『東方学』二九、一九六五、『唐宋社会経済史研究』東京大学出版会一九六五所収。

（宋代史研究会編『宋代の規範と習俗』宋代史研究会研究報告第五集　汲古書院　一九九五）

宋代の父老

――宋朝専制権力の農民支配に関連して――

はじめに

宋朝専制権力の農民支配の在り方をめぐっては、政府が直接的に無媒介に農民を掌握支配したとみる考え方が有力のように思われる。中国史研究会の方々は、古代から現代に至る全中国史を通じて、基本的生産関係を国家対小経営農民におく。同研究会のメンバーの一人島居一康氏[1]は、宋代について、国家の主戸層――小経営農民――に対する税役収取によって成立する支配と隷属の関係、すなわち、国家対主戸の関係を、宋代の基本的生産関係とされ、これを国家的農奴制と規定された。高橋芳郎氏[2]は「郷原体例」を郷村の慣習・慣行と解する通説を批判され、「郷原」には、「従来の」とか「従前の」という原義があり、「郷原体例」とは「従前の方式・規定」の意である。従って、「郷原体例」に従って行われた水利・治田方式とは、「公権力の側における〝従来の方式〟である」とされ、公権力の主導制を強調、在地における自律的地縁的結合、共同体的関係の存在を全面的に否定された。伊藤正彦氏[3]も、一貫して中国社会集団・組織を「自律」の枠組みで捉える考え方を批判され、専制国家構造の形成を追究されている。私はさきに「宋代郷原体例考」において、郷村において租課の配分・枡の大きさ・種穀の給借・水利の修築等が、郷原の体例に基づいて行われていたことから、これを農民の再生産過程において、長期に互って形成されて来た郷村の慣行とみる、従来の説を再確認した[4]。政府公権力は、かかる民間の慣行を容認し、それに依拠することによって、はじめて末端の農民支配が可能であったのではないかと考え、其の背景に郷村社会における何らかの共同体的結合関係を想定した。

宋代の父老に関する専論はないが、小林義広氏[5]は「郷村社会において、階級矛盾に基因するさまざま紛争に対し、……宋代地方官が、……郷村社会の指導層たる父老の民衆に対する掌握力と指導力を通して解消しようとした」との見通しを立て、諭俗文を取り上げられた。本稿では、郷村における父老の実態を出来るだけ多面的に検出し、その存在・行為を通して、父老の具体像を構築し、宋朝専制権力の農民支配の在り方を考えてみようとするものである。

宋代の史料には、父老だけでなく、耆老・故老・郷老・里老・村老・三老・郷耆・郷長・耆宿・耆耋・耆旧等の用語が、かなり頻繁に見える。これは、当該社会において、父老の存在を無視し得ないことを読みとるべきではないかと考えられるが、同時に、これら多様な用語は、父老の実態の何らかの差異を反映して使い分けられていたのかも知れない。しかし、しばしば共通、混同して用いられている場合も多く、大枠においては、同一の基盤に立ち、共通の性格をもっていたと思われるので、今回は取りあえず、まとめて考察する。地方志等にしばしば登場する父老たちは、その土地の古跡・寺廟・山川等の故事・来歴に詳しい長老知識人である[6]。しかし、ここで問題にしようとするのは、単なる物知り老人ではなく、さまざまなかたちで、王朝の農民支配に関わっている父老たちである。父老は「郷の父老」・「邑の父老」・「里中の耆老」[7]など、郷里に結びつけて表現されていることが多い。恐らく、彼らは、在地郷村社会の中に足場をもつ指導層で、地方官の農民支配を下から支え、民間秩序維持の役割を果たしていたのではないだろうか。言い方を変えれば、王朝権力の農民支配は、父老を媒介として行われた面を見逃すわけには行かないように思われる。

一　「父老を召して民間の疾苦を問う」

知州県事等地方官が現地に赴任すると、管轄地域の行政のために「父老を召して民間の疾苦を問うた」という記録が少なくない。『続資治通鑑長編』（以下『長編』と略す）巻一建隆元年（九六〇）一一月乙丑条には、李処耘が権知揚州となった時のこととして、

時揚州兵火之余。闔境凋弊。処耘勤於撫綏。軽徭薄賦。召属県父老。訪民間疾苦。悉去之。揚州遂安。

とあり、宋初の兵火の後の衰微回復の対策として、治下諸県の父老を招き、その言に従って、民間の疾苦を取り除くことによって、揚州を安定することが出来たというのである。同じく北宋、秦観『淮海集』巻三八「羅君生祠堂記」にも、

君乃出行諸郊。所過召其耆老。問以疾苦及所願欲而不得者。罷行之。

と、羅適の善政は、自ら郷村に出かけて行って、耆老の言に従い、民衆の要望を実行したことによるという。范仲淹『范文正公文集』巻八「上執政書」は長文であるが、その中で次のようにいっている。

又京畿三輔五百里内。民田多隙。農功未広。既已開導溝洫。復須挙択令長。使詢訪父老。研求利弊。数年之間。力致富庶。

京畿周辺に多い民田未耕地の耕地化策として、「令長を挙択して、父老を詢訪せしめ、利弊を研求せしむ

れば、数年の間に力富庶を致さん」と。父老は農田の利弊に通じていたが、これについては後述する。『蘇東坡奏議集』巻一一「論積欠六事、并乞検会応詔所論四事一処行下状」元祐七年（一〇九二）五月一六日、知揚州蘇軾の状奏によると、

農民日益貧。商賈不行。水旱相継。……臣窃痛之。所至訪問耆老有識之士。……臣自穎移揚。舟過濠寿楚泗等州。所至麻麦如雲。臣毎屏去吏卒。親入村落。訪問父老。皆有憂色云。「豊年不如凶年。……若豊年挙催積欠。胥徒在門。枷棒在身。則人戸求死不得」。

とあり、知穎州より揚州に移る途中の諸州で、至る所、麻麦が豊作であるにも拘わらず、「農民は日ごとにますます貧しく」、父老たちはその理由として胥吏の積欠の取立てが激しいことをあげ、豊年より凶年の方がましだと言う。父老は「言訖りて涙下り」、「臣も亦た覚えず流涕」し、積欠に関する六事を詳細に記す。蘇軾は知事として地方の実情把握のため、たえず「至る所、耆老有識の士を訪問し」、「親しく村落に入り、父老を訪問し」、且つ、「吏卒を屏去」した。父老は苛斂誅求の胥吏とは相容れない存在であった。かかる状況は南宋においても同様である。『朱文公文集』巻一六「奏捄荒事宜状」によると、朱熹が浙東提挙在任中、紹興が荒歉に見舞われた時、「上戸先ず已に匱乏し、是を以って、細民の仰給するなく、狼狽急迫すること此くの如きに至る」と言って、荒歉の状況を具さに述べ、「臣の目見心思し、兼ねて士夫父老を詢訪せし所の者、既に此くの如し」といい、自ら現場に足を運び、士夫・父老に其の対策を問うた。朱熹は、知南康軍の時の旱損に際しても、「耆老を訪聞」して意見を求めている。真徳秀『真文忠公文集』巻六「奏乞蠲閣夏秋税苗」にも、

竊見。本路州県。今歳以来。雨沢闕少。……艱食之虞。近在朝夕。嘗博訪父老。皆云。粳稲雖已失時。尚堪雑種麻豆蕎麦黄菉之属。縁田中無水。不通翻犂。而不可種。下等農民之家。賃耕牛買雑種。一切出於挙債。……近年官司往々不郵。毎遇検放。指為熟田。責令輸納苗米。未免賤糴。

と言って、飢饉に際して、父老を博訪し、父老は下等農民たちが借金でがんじがらめになっている農作・水利の窮状を語り、検放を怠り、熟田と称して不正に苗米を取り立てる官僚を批判する。真徳秀は「臣此の語を聞きてより、之れが為に惻然たり」と言い、その対策を記す。官僚は父老によって、始めて実状を知ることが出来たらしい。同じく『真文忠公文集』巻二七「送湯仲能之官繁昌序」によると、湯仲能が進士に及第し、始めて繁昌県に赴任するにあたって、真徳秀に送別の言を求めた。真徳秀は、繁昌県で「昔、父老より聞く所の者を以って、これに告げた」。真徳秀は嘗て、繁昌県において、「其の人の窮餒困瘠、他邑より甚だしい」のを見て、「予、窃かに之れを異として」問うた所、父老が愀然として言うには、

吾邑在承平時幾万家。田利之入霈乎。其有余魚鰕竹葦柿栗之饒。以自給無不足。南豊曾公之記。具存可覆也。

と、北宋中期の繁昌県の繁盛を説き、其の根拠を示す。事実、これは現在われわれも見ることが出来る『元豊類藁』巻一七「繁昌県興造記」に記されていて、父老がこれを読んでいたとすれば、かなりの知識人であったことが知られる。父老はこれに続けて、南宋に入って「建炎に盗起こり、……開禧の後、旱蝗相乗じ」など、長期にわたる繁昌県の衰退の過程をつぶさに述べる。真徳秀はこの時の父老の言を、そのまま湯仲能へ贈ったのである。以下父老の行為・役割について、しばらく具体的にみて行きたい。

二　郷村社会における父老の役割

（イ）　父老と農田

父老は在地に根を下ろし、土地の境界や水利などに関して豊富で確かな知識を持っていたようである。上述、真徳秀は、民の訴訟を引き受けるに当たって、父老に田野の利弊を尋ねた。南宋初、劉一止『苕渓集』巻五〇「張徇墓誌銘」によると、張徇が、婺州蘭渓県尉の時、

民有甲乙。争田中水溝者。甲曰。「田有溝旧矣」。乙曰「券有畔耳。寧復溝也」。訟久不決。君呼耆老問之。「水溝異名謂何」。曰「俗謂之甽」。又問田中径。曰「俗謂之畔」。君取券熟視曰。「我得之矣。易甽為畔。是殆匿溝。為己有也」。争者語塞。

とあって、田中の境界争いに、県尉は、水溝や径などの旧との状況、変遷などを耆老に確かめることによって判断を下した。永年に亙る訴訟は、父老の現地に根ざした知識に基づいて、ようやく決着がついたのである。楼鑰『攻媿集』巻一〇二「知婺州趙公墓誌銘」には、趙師竜が監建康府糧料院の時、

有民田在大江中流。訟久不決。官吏憚風涛之険。無親臨者。卒不得其実。公軽舟径至田所。訪之耆老。曲直始明。帥閲其辞。称奨不已。疑獄多以属公。

とある。ここでも民田の訴訟に決着をつけたのは、官が風涛の危険を犯して、大江中流にある民田に赴き、耆老に事実関係を確かめた結果であった。耆老が直接的に裁判に関わってはいないが、「曲直が明らか」

になったのは、耆老の言による。地方官はそれによって名を挙げた。現地に親臨する官の少なかった事も物語っている。

鄭克『折獄亀鑑』巻六「王罕按図」には、王罕が知常州宜興県の時、県臨泖湖。民歳訴水。多幸免。罕因農休。召封内父老。各列其田之高下。絵而為図。明年既得訴状。乃親往按之。其臨一郷。輒曰。某戸輸可免。某戸不可免。衆環視無一辞。是時范仲淹知潤州。乃奏罕検田法。下諸路。

とあり、泖湖の周辺の民は、毎年水災を訴え、被災していないものまで僥倖に賦税の減免を受けていた。そこで、王罕は農閑期に県内の父老たちを集めて、田地の高下などを書き出させ、それに基づいて地図を作った。翌年、水害の訴えがあると、王罕自ら現地に赴き、その地図に従って、各戸の税の免不免を決めたと言う。父老が、それぞれの地域内の田土の高下・位置・所有関係等を正確に把握していたことを示し、知県はそのような父老の知識に依拠して、はじめて不正を退けることが出来、庶民も承服せざるを得なかったのであろう。しかも、このやり方は、范仲淹の知るところとなり、王罕の検田法として上奏され、諸路に下して実施されることになった。諸路の州県下に於いても、同様の父老の存在があって、はじめて実施可能であったものと思われる。

（ロ）　父老と水利

水利は農田ときり離すことは出来ない。ここでも父老の果たした役割は大きい。特に江南を中心に地方志等に少なからざる関係史料が残されているが、その中から、幾つかを挙げるに止める。『宋会要』食貨七−四六、水利、紹興一六年一一月に、前知袁州張成己の言として、

江西良田。多占山崗上。資水利以為灌漑。而罕作池塘。以備旱暵。望令江西守令。俾務隙時。勧督父老。相地之宜。講究池塘灌漑之利。以為耕種無窮之資。

とある。父老は土地の良し悪しを調べ、池塘灌漑の利を講究することが出来た。それ故に張成己は、全域の池塘造成を父老を勧督して行わせようとしたのであろう。蘇軾は通判杭州の時、「民間の疾苦を訪問」したところ、父老たちは皆、運河の淤塞と、それに対する官の方策、胥吏の弊害を激しく非難した。蘇軾はまた、「頻りに開き、屢々塞がる所以の由」を問い、更には「潮水の淤塞は、独り近歳のみに非ず。若し、唐より以来、此の如くなれば、則ち、城中皆な丘阜と為り、復た平田無からん。今、所在に泥沙の堆畳するを験するに、三五十年積む所に過ぎざるのみ。其の故は何ぞや」など、畳みかけるように問いかける。(8) 長文なので、全文引用するわけにはいかないが、父老たちは、時には実状を、時には歴史的に、五代銭氏以来、何故西湖が淤塞しなかったか、それが何故、淤塞に至ったか、白居易なども引いて、詳細に理路整然と説明する。蘇軾はすべて父老の言に従ったわけではないが、積極的に父老に事実関係や意見を求め、父老は通判杭州蘇軾と渡り合っている。王庭珪『盧渓先生集』巻二「寅陂行」(紹興一三年一〇月)に、

安西西有寅陂。漑田万二千頃。廃久。官失其籍。大姓専之。陂傍之田。歳比不登。邑丞趙君。捜訪耆老。尽得古跡。浚渓港。起堤閼。躬親阡陌。淮注先後。各有縄約。

とあり、県丞趙君は耆老を捜訪し、久しく廃されていた寅陂の古跡を得、官が失ってしまった籍を回復、

守るべき水利規約が明らかになり、大姓の水利独占を罷めさせたと言う。『嘉泰会稽志』巻一三「鏡湖」に、徐次鐸の復湖の議が、詳しく記されている。すなわち、隆興元年（一一六三）一一月、知府事呉芾が歳饑に、盗田に対する復湖の工を興こしたが、

> 然次鐸出入阡陌。詢父老。面形勢。度高卑。始知呉公未得復湖之要領。夫為高必因丘陵。為下必因川沢。豈有作陂湖。不因高下之勢。而徒欲資畚鍤。以為功哉。

とあって、徐次鐸が自ら現場に足を運び、直接父老に詢うて、田土の形勢・高卑を確かめてみて、はじめて知事呉公の復湖が要領を得ていないことを知る。上述、王罕の検田法において、県内の父老を集めて、田の高下を列せしめたことに共通する。『宝慶四明志』巻一二「東銭湖」に、嘉定七年（一二一四）提刑程覃の浚治失敗の後、宝慶二年（一二二六）尚書胡榘が、湮塞を浚治しようとした時の劄子に、

> 及詢問父老。審訂事宜。皆云。東湖。自魏王臨鎮之時。申請浚治一次。今踰四十年。有司未嘗過而問焉。失今不治。加以数年。茭葑根盤。水不可入。雖重施人力。亦終無補。……其後。有司非不念此。而或廃于鹵莽。……或坐視不治。或粗挙無益。因循積累。至于今極矣。

とある。胡榘は、東銭湖の浚治に際して、「父老を詢問して、事宜を審訂」せしめた。それに答える父老たちの言うところは、極めて具体的、且つ詳細であり、官の無為無策を批判している。官はこれを受けて対策四項をたてた。『咸淳臨安志』巻三二「捍海塘」でも、（紹興）二一年、吏部尚書林大鼎は、「暗暁の士を選択して、一司を専置し、故老に利弊脈絡を詢い、而る後に工を興こさん」という。

斯波義信氏（9）によると、北宋末、楊時は蕭山県令になると、永年実現に至らなかった湘湖の造成を、耆老

の意見をまとめて成功させ、紹興二〇年、同じく蕭山県で、地元人の白馬湖の湖田化要請に対し、転運司幹弁公事趙綱立は父老の意見を徴し、これを沙汰止みに追込み、蕭山県令顧冲も詹家湖の私占に対し、父老等に尋ね湖を復旧したという。湖水を私占しようとする豪民等の勢力に対し、県令が父老等の意見を徴し、これを阻止した。父老は、自己の居住する郷村内における、田土・水利などの実状、或は来歴などを熟知しており、州県官はそのような父老の知識に依拠することによってはじめてまともな地方行政が可能であり、民を納得させることが出来たものと思われる。

勿論、父老が何でも知っていて、何時でも正解であったとは限らない。晁補之『鶏肋集』巻六六「貴渓県丞馬君墓誌銘」に、

再調合淝主簿。有田訟積歳不決。以質諸父老。莫能知。君自臨焉曰。吾得之矣。命闕地。隠然有故画界処。衆以為神。

とあって、馬君が再び合淝県主簿となった時、長年決着のつかない田訟について、父老に質したが分からなかった。そこで馬君は自ら現地に至り、地を掘らせたところ、故との境界が明らかになり、これを解決したという。しかし、長年にわたる田訟解決のために、主簿は先ず、父老に問うことから始めているのである。張孝祥『于湖居士文集』巻一四「黄州開澳記」によると、楊宜之が守黄州として赴任した時、開澳についてこれを父老に問うたところ「黄の未だ其の故を復さざる所以は、古澳の未だ濬せざるを以ってなり」と言って、その実状・対策を示した。

宜之惕然。不皇顧其帑廩之有無。即日鳩工。惟父老之言為信。親率畚鍤。於以用民。而民無怨。閲廿

日而開澳之工畢。

とあって、楊宜之は父老の言を全面的に信じて、咎虞の有無も考えず、民を用いて直ちに開澳工事を開始し、二十日間で終了した。ここでも、黄州知事が如何に父老に依拠していたかが知られよう。むしろ、新任知事は、父老に聞く以外にことを始める方法がなかったのではないか。「民怨み無し」とは、民衆もまた父老を信じていたのであろう。

（八）　父老と晴雨祈祷

宋代の文集類に、官僚士大夫たちは、しばしば祈雨文・祈晴文を書き残している。地方官にとって、水旱に際して晴雨を祈るのは、重要なしごとであったが、祈雨祈晴にも父老は深く関わっていた。蘇頌『蘇魏公集』巻五七「張君墓誌銘」によると、張大有が澠池県知事在任中、数か月任地を離れていた時のこと、

時久不雨。邑之父老。詣府訴災。因請還。君既帰而雨作。民益歓然。

とあって、父老が府まで出かけて行って旱災を訴え、知事を呼び戻したところ、早速に雨が降り、民は大いに歓んだと言う。父老は積極的に知事に働きかけ、知事は父老の要請に従って任地に戻っている。『蘇東坡集』巻三四「奏乞封太白山神状」に、

当府郿県太白山。雄鎮一方。載在祠典。……自去歳九月不雨。徂冬及春。農民拱手。以待饑饉。粒食将絶。盗賊且興。臣採之道塗。得於父老。咸謂。此山旧有湫水。試加祷請。必得響応。尋令択日斎戒。差官莅取。臣与百姓数千人。待於郊外。……大雨。

半年にわたり雨が降らず、父老の言に従い、官を派遣して太白山の神に祷請せしめた。蘇軾は数千人の百姓とともに降雨を待ち、果たして大雨が降ったという。蘇軾は大雪についても次のような記録を残している。すなわち、『蘇東坡奏議集』巻一〇「乞賜光梵寺額状」に、元祐七年二月（一〇九二）、知潁州の時の状奏として、

本州潁上県白馬村。有梵僧仏陀波利真身塔院舎。……元無勅額。父老相伝。仏陀波利本西域僧。唐儀鳳中。遊五台。……往返数万里。……於潁上亡没。里俗相与漆塑其身。造塔供養。時有光景。頗著霊験。不敢具述。臣於諸処。見唐人所立尊勝石幢刊記本末。与所聞父老之言頗合。今年正月。大雪過度。農民凍餒。無所祈祷。境内諸廟未応。聞父老以仏陀波利為言。臣即遣人賷香祷請。登時開霽。人情翕然帰向。

と言う。光梵寺に祀られている西域僧仏陀波利は庶民の尊崇厚く、塑像を作って供養し、父老がその来歴を伝えていた。蘇軾は諸処で見た「唐人立つる所の尊勝石幢刊記本末」と、父老の言が一致していることを知り、父老に対する信頼を示している。この年の正月、潁州は猛烈な大雪に見舞われ、境内の諸廟に祈祷しても、一向に反応がない時、父老が仏陀波利が霊験あらたかというのを聞いて、人を遣わして祷請せしめたところ、忽ちにして霽れたという。父老は、民衆の仏陀波利への厚い信仰の中にあって、大雪に遭遇して指導的役割を果たした。父老は民衆との間に精神的結びつきをもっていて、知潁州蘇軾は、そのような関係をふまえて勅額を申請し、人民を掌握しようとしたのであろう。「人情翕然として帰向」したと言う。『咸淳臨安志』巻七二「霊恵廟」にも、

皇帝駐蹕於臨安之十有二年冬。臨安府耆老陳徳誠等。状於有司曰。化度寺有皐亭神祠。自隋以来事之。至今不絶。旱乾水溢。有祷必応。郡民事無鉅細。皆請於神。応若影響。

とあって、旱乾・水溢や願い事に霊験あらたかで、民衆の信仰を集めている皐亭神祠に、耆老たちが「廟額を加えん事を乞う」[10]ているのも、耆老が民間信仰において、民衆の中にいたことをうかがわせる。『咸淳臨安志』巻七八「積慶教忠寺」に、

有君子泉。在寺之前。曩以歳旱。居民乏水。父老因鑿泉。得古碑。曰君子泉。

と、父老は、旱歳に水のない居民の為に泉も掘った。『嘉泰会稽志』巻六諸曁県「柳鮑仙姑廟」には、

廟負山帯渓。景趣勝絶。父老以渓声高下。卜雨暘甚験。人皆異之。

と、父老の水に関する神的能力に対する民衆の畏敬を記す。

（二）　父老と戸籍・戸口

父老は田土・水利に止まらず、郷村内における戸口も掌握していた。『景定建康志』巻一三建康表九、慶暦三年（一〇四三）条に、

蘇頌知江寧県。建業承李氏後。版籍賦輿。皆無法制。毎有発斂。府移追擾。吏係縲於道。頌至則曰。此令之職也。府何与焉。毎因治訴。旁問鄰里。丁産多寡。悉得其詳。一日召郷老。更定戸籍。民有自占不実者。必曰。汝家尚有某丁某産。何不自言。相顧而驚。無敢隠者。……県以為神明。

とあって、江寧県において戸籍や両税台帳が失われ、税役の徴収に胥吏が苛斂誅求を擅にしていた時、知

県蘇頌は、訴えがある毎に鄰里を旁問し、丁産の多寡がすべて詳らかになったと言う。「鄰里を旁問」したとは、郷老に問うたのであろう。それ故に、戸籍を更定するに当たって、郷老を召したのであろう。民に虚偽の報告があると、必ず「汝の家、なお某丁某産有らん。何ぞ自ら言わざる」といって、隠匿を許さなかった。郷老は、郷里内の一戸一戸の丁産を逐一掌握しており、州県官にとって、農民支配の基本である戸籍、或は恐らく戸等簿の作成には、郷老はなくてはならない存在であったようだ。『皇朝編年綱目備要』巻一四皇祐四年七月「智高遁」に、儂智高が広州に侵入した時、

已召兵行至矣。然其実未知策所出也。……乃遣左右。択父老可与語者。得数十人。召問之。父老曰。某属各有佃客。少者数家。多者数十家。欲随郷材自召集。家在兵器者。願授之。使相保聚。

とあって、広州転運使王罕は、対策を父老に問い、父老は個々の地主たちの擁する佃客の数を掌握していて、王罕はこれに基づいて、兵力を編成した。

（ホ）その他

父老たちは、当然、中央の政策に対して無関心ではなかった。勿論、農民生活に関わることであるが、蘇轍『竜川略志』巻三「論榷河朔塩利害」には、

芸祖征河東還。父老進状乞。随両税納銭三千万緡。而罷榷法。芸祖許焉。今両税外。食塩銭是已。是時民於澶州河亶橋。作感聖恩。道場父老。至今能道之。

とあって、太祖が河東を征して帰還した時、父老が塩の榷法を罷めんことを乞い、これを許され、父老は

今でも語りぐさにしていると言う。『長編』巻三六九元祐元年閏二月壬寅条に、左史諌王巌叟は次のように言う。

道過管城県之孫張村。有耆老為臣言。本村旧七十余戸。今所存者二十八家而已。皆自保甲起教。後来消滅至此。当時人々急于逃避。其家薄産。或委而不顧。聴任官収。

鄭州管城県の孫張村を通りがかった時、耆老が王巌叟に訴えたのは保甲教閲の害である。そのため村の戸数は七十余戸から二十八家にまで減ってしまったと言う。塩の専売にしても、保甲法にしても、まさに国家の政策である。耆老は、それによって苦しめられる民衆の実状を訴えた。ここでも、父老は村の戸数とその変遷を掌握している。

欧陽脩『欧陽文忠公集』巻三〇「程公（琳）墓誌銘」に、

蜀州妖人有自号李冰神子者。署官属吏卒。聚徒百余人。公命捕寘之法。而讒之朝者。言公妄殺人。蜀人恐且乱矣。上遣中貴人。馳視之。使者入其境。居人行旅争道公善。使者問殺妖人事。其父老皆言。殺一人可使蜀数十年無事。使者問其故。対曰。前乱蜀者。非有智謀豪傑之才。乃里閭無頼小人爾。惟不制其始。遂至於乱也。使者視蜀既無事。又得父老語。還白。於是上益以公為能。

と言う。知益州程公が、蜀の妖人を捕えようとした時、程公は妄りに人を殺すと言って、中央に讒言する者がいたので、中央は使者を派遣して来た。使者が州境に入ると、民衆はみな程公を支持した。使者が問うと、父老たちはみな、「（妖人）一人を殺せば、蜀をして数十年無事たらしむ可し」と言い、其の理由を問うと、「前に蜀を乱するものは、智謀豪傑の才あるに非ず。里閭の無頼の小人のみ。其の始めを制せざれば、遂に乱に至らん」と答えた。使者はこの父老の語を聞いて、中央に帰り報告した。父老は「居人行旅」、即ち、民衆の輿論を背景としていた。中央からの使者は、現地の状況をもっぱら父老から得ており、それが知事の功績となった。『真文忠公文集』巻四三「通直范（機）君墓誌銘」には、

是冬虜犯襄陽。囲安陸。声揺湖湘間。父老挙建炎故事。請徙邑大溈以避。君曰。制動当以静。虜安能遽及吾圉。今倉皇委去。是自擾也。卒不為動。

とあって、金が襄陽を犯し湖南北地方を揺るがした時、父老は南宋初めの金の侵入の故事を挙げて、大溈に難を避けるよう建言した。これは受け入れられなかったが、金の侵入と言う国家の大事に徙邑を建議している。『長編』巻一一七康定元年四月乙巳条によると、知制誥王拱辰は、契丹に使して還って言うには、「河北の父老を見るに、皆な言う。契丹官軍を畏れずして、土丁を畏る」と。契丹と境を接する河北の父老たちは、契丹内部事情にも通じていたらしく、且つ、王拱辰はそのような父老と接触している。恐らく、彼らを呼んで事情を聞いたのではないかと思われる。父老たちは、政府の政策である榷塩や保甲法を批判し、中央からの使者に対し、蜀の妖人の処分を提言し、非常の時には遷徙を建議し、契丹の内部事情にも通じていたらしい。父老のもつ諸側面として挙げておく。

三　地方官の農民支配と父老

以上、郷村における父老の役割について見てきた。彼等は自分の居住する郷村の田土・水利・丁産・戸口など、農民の状況や動向を熟知し、農業再生産に関わっていた。農業に深くかかわる祈雨・祈晴にも民間信仰を背景として、率先して指導的役割を果たし、民衆の支持を受けていた。州県官は、田土・水利の訴訟や、戸籍の更定などに当たっては、先ず父老に問うて、事実関係を確かめ、判断の規準とした。州県官の農民行政は、父老に依拠していたともいえる。『延祐四明志』巻四人物攷「兪偉（字仲寛）」条には、

元祐初。宰南剣之順昌。門人生子。多者皆不挙。建・剣尤甚。仲寛作戒殺子文。召父老列坐廡下。以俸置醪醴。親酌之。使帰勧郷人。活者以千計。生子多以兪為字。朝廷為立法。推行一路。

とあり、兪偉は、順昌県の長官の時、福建地方の溺子を止めさせる為に、「子を殺すを戒むるの文」を作り、父老を通して、郷人を諭さしめた。その結果、千人の子供が、この世に生を受けることが出来たと言う。政府はこれを法として、一路に推行させた。『宋会要』刑法二―一四七禁約三、紹興八年五月一六日の詔に、

応州県郷村第五等・坊郭第七等以下人戸。及無等貧乏之家。生男女而不能養贍者。毎人支銭四貫于常平。或免役寛剰銭内支給。官吏違慢。以違制論。仍委守令。勧諭本処土豪父老及名徳増行。常切暁喩禍福。或加賙給。

とあって、あらゆる州県の郷村・坊郭の貧窮の家で、子を養うことが出来ない者に対し、銭を支給することとしたが、それぞれの地域の土豪・父老等を勧諭して民に暁喩せしめた。『作邑自箴』巻六「勧諭民庶牓」では、知県の十数項目にわたる民庶への勧戒を、民に通暁せしめる方法として、

鎮市中。并外鎮歩。逐郷村店舎多処。各張一本。更作小字刊板。遇有耆宿到県。給与令広也。

鎮市内外や歩・店舎等人の集まる所に張りだす外に、耆宿が使われているし、同じく巻八「夏秋税起催」の知県事牓も「諸れを郷村に仰せて、父老に通暁、詳認せしめた」。夏秋両税の徴収に父老が使われている。『張載集』付録の「横渠先生行状」によると、祁州雲巌県令の時、「教告する所有れば、常に文檄の出でて尽く民に達する能わざるを患い、毎に郷長を庭に召して、諄諄口諭し、往きて其の里閭に告げしめた」という。

このように、官が父老を用いたその背景には、恐らく、それぞれの在地郷村における、父老の指導力によったものと思われる。地方官は、恒例として、勧農文・諭俗文・労農文等を下しているが[11]、それは父老を通して民に伝えられた。例えば、『朱文公文集』巻一〇〇公移「勧農文」によると、「毎歳二月、酒を載して出郊し、父老を延見して、子弟を課督し、力を竭くして耕田するの意を喩し」、十項目に亙って、勧農を説くが、くり返し父老の役割を述べる。『真文忠公文集』巻四〇「泉州勧農文」でも「父老我が言を記し、帰りて爾子弟、及び爾郷党間に語れ」とあるなど、挙げれば切りがない。

四　父老と胥吏

宮崎市定氏も言われるように、「士大夫政治は実は胥吏政治であった」[12]。宋朝の地方末端行政を支えていたのは胥吏であり、その弊害は繰り返すまでもない。この胥吏と父老とが、郷村行政において対立的存在であったことは、父老を考える上で無視出来ないであろう。上述したように、蘇軾は、知揚州となった時、「至る所、耆老有識の士を訪問」して農村の状況を調べたが、「毎に吏卒を屏去して、親しく村落に入り、父老を訪問」した。父老は憂色を以て胥徒の苛斂誅求を語った。『名公書判清明集』巻一官吏門「咨目呈両通判及職曹官」の中で、真西山は州県官として「民の為に去るべき十害」の一つに「縦吏下郷」をあげ、「郷村の小民の吏を畏るること、虎の如し。吏を縦ちて下郷せしむるは、虎を縦ちて柙を出すが如し」と言い、更に「勧諭事件於後」で、「当職、入境以来、父老を延訪し、交印の後、民詞を引受す。田野の利病・県政の臧否、頗る一二を聞く」と言い、「人を差して下郷するを許さず。若し、諸色公吏、輒りに家人を帯して下郷騒擾する者は、並に条に従いて収坐せしむ。自後、犯す者は、懲治一ならず」ともあって、現実はこれに反することが多かったが、少なくとも、郷村に父老を延訪する事と、吏人の下郷とは、全く相反する行為であった。蘇頌『蘇魏公文集』巻六〇「提点広西刑獄公事胡公墓誌銘」によると、神宗の時、胡公考文が江西の大邑建昌軍南豊県知事となった時、「豪右著姓多く、訟争既に繁く、胥吏其の柄を操し、前後の令、之れに勝る能う者罕れなり」と言う状況であった。これに対し、胡公は、

至是察見俗弊。欲有所為。故先召里中父老。坐廷下。訪其土俗利弊所在。鉤得其実。然後為条教。繊悉必尽。……前後発吏宿贓黥隷者九人。

とあって、里中の父老を集めて、土俗の利弊の所在を訪ねて事実を確認、それに基づいて吏を罰した。南宋中期、差役の弊害を除くために、義役が行なわれたが、(13)孫応時『燭湖集』巻九「余姚県義役記」によると、その経緯について、

淳熙六年春二月。台臣有言。民之厭於差役久矣。間者所在郡県父老。或相与謀。率金市田。以為義役。行之有年。豪宗大姓。無復仇訟。而驩然相親。……唯是姦胥猾吏。無以弄権取資。嗾郡不逞。専欲沮敗。

郡県の父老たちが相謀って金を募り、田を買って義役を起こし、効果があった。しかし、姦胥猾吏にとっては、「権を弄して、資を取れなくなった」ため、郡の不逞たちを嗾かして、これを潰しにかかった。義役をめぐって、郡内が父老と胥吏とに分かれ、対立しているのである。『朱文公文集』巻九四「直顕謨閣潘公墓誌銘」によると、潘公は江東に移ると、「過ぐる所、父老を延見し、県別に輩を為さしめ、次を以って召して、疾苦及び吏治の得失を問う」た。その為、「吏卒は過ぐる所粛然とし、父老嘆息し、以為らく、未だ始めて有らざるなり」と。

『後村先生大全集』巻一九二「戸案呈委官検踏旱傷事」によると検旱の官吏が豪富や姦猾の下吏と結託し、「賢官員聡明と雖も、察する能わざる有り」と言い、

況見任官。素与土俗不相諳。一覧之頃。又何以得其実耶。不過在轎子内。咸憑吏卒里胥口説。遂筆之

於案牘耳。

とあって官僚は現地の事情にうとく、旱傷の現地調査において、実際にその豊歉を手に取って確かめず、吏胥の言いなりになったという。まさに地方は胥吏行政と言われる所以である。『陸九淵集』巻八「与趙推」でも、「官人は常に其の実を知らんと欲し、吏人は常に官人の事実を知るを欲せず。故に官人事実を知らんと欲するも甚だ難し」という。郷村支配のためには、地方官は、その実状を掌握する必要があり、そこに父老の存在が浮かび上がり、且つ、それは、胥吏とは相容れない存在であったことを確認しておきたい。

このような関係は、父老が官僚に「清」を求めていたことにもつながり、地方官の方もまた父老の眼を意識したらしい。『欧陽文忠公文集』巻二四「永春県令欧君墓表」には、欧陽脩が嘗て乾徳県令の時、故老に郷閭の賢者を問うたところ、皆な揃って、中書令文懿・屯田郎中戴国忠と、そして欧君の三人を挙げたと言う。『後村先生大全集』巻一五〇「林判官墓誌銘」にも、劉克荘が靖安県主簿となった時、父老に故長官で「孰れが賢なるか」を問うたところ、皆な福清の林公を挙げた。理由は「清廉にして仁」であった。洪邁『容斎随筆』巻四「浮梁陶器」に彭器資の「送許屯田詩」を引いて、

浮梁巧焼瓷。顔色比瓊玖。因官射利疾。衆喜君独不。父老争歎息。此事古未有。注云。浮梁父老言。自来作知県。不買瓷器者。一人君是也。作饒州不買者一人。今程少卿嗣宗是也。

とある。父老は、利を求めて多くの官僚たちが景徳鎮の精巧な陶器を買い漁るのを嘆き、ただ一人これを買わない程少卿を称えているのである。父老が求めているのは清官であった。

おわりに

父老と言えば、先ず想起されるのは秦漢時代であろう。増淵龍夫氏[14]は、秦漢時代の父老について、「里の人々の信望の上に立って、里の人々を統領する里の有力者」で、「したがって《父老》ということばの下には、かれに信頼をよせ、かれに統領される人々の集団を予想してよい」と言われ、守屋美都雄氏[15]は、「国家権力と民間秩序との紐帯的役割を果たす社会的存在」であり、「中央の政治的意志によって設けられた官ではなく、まさに里の中に、その共同自営の必要から、自らにその位置を生じた経験者」とされた。堀敏一氏[16]は、先秦から唐代に至る郷里村制を考察される中で、「父老は共同体的な里の指導者として、里人を代表して行政に協力させられている」「共同体の長老」で、「里尹・里典・里正等とよばれる人々も、父老の協力があってはじめてその職責を完うすることができた」と言われている。時代を降って明清期については、浜島敦俊氏[17]は父老を「在地の非郷紳地主層」と解され、森正夫氏[18]の論考中にも随所に、父老・耆老・里老・郷耆・老人等の語が見え、「民衆中の指導層」とされている。岸本美緒氏[19]は父老の名は出していないが、清朝の中央集権的国家体制について、「中央集権的な官僚制に対抗して自治的特権を主張できるような制度化された在地勢力は……基本的に存在しなかった」が、「中国の官僚制度は、巨大で複雑で流動的な中国の社会を隅々まで統御できるような厚みと効率性とをもっていなかった。地方社会の秩序を維持するに際し、地方官は在地の有力者の協力を仰がざるを得ず」、「清朝の支配体制が、こうした有力者を中心とする自生的な秩序を追認し、これに依拠しようとするものであった」とされる。

宋朝中央集権下の地方行政は、県に多くとも知県（県令）・県丞・主簿・県尉の四人の官僚が置かれただけで、しかも、原則として三年毎に任地を替えた。直接農民支配に関わる税役徴収や戸籍作成等は、胥吏や職役戸に委ねられた。しかし、それで末端行政が事足りたわけではない。あらためて言うまでもなく、直接農民と接触する胥吏は、苛斂誅求の徒であり、職役戸とともに形勢戸[20]として支配の末端にくみこまれていた。これに対し、父老は自らの居住する郷村社会に根を下ろし、地域周辺の田土・水利・丁産・戸口等各農民の状況を掌握し、農業再生産にかかわっていた。祈雨・祈晴にも、民間信仰を背景に民衆の支持の中にあって、率先して官に働きかけて指導的役割を果たした。国家の政策である塩の専売や保甲法による民の苦しみを直接訴え、罷めんことを乞うた。州県官は管轄地域の行政の為には農村の実状を知る必要があり、「父老を詢訪し」、「吏卒を屏去」して「民間の疾苦を問い」、田土・水利の訴訟や、戸籍の更定などに当たっても、先ず、父老に問うて事実を確かめた。州県官の農民行政は父老に依拠していたともいえる。農村の実状に疎く、胥吏の言いなりになった州県官の多い中で、少なくとも、それが「善政」であり、父老は民衆の側にあり、清官を求めた。苛斂誅求の胥吏とは相容れない存在であった。かかる父老の存在が、政府の郷村支配の秩序維持に果たしていた役割、或は、敢えて言えば、税役の徴収等農民支配を裏から支えた側面を否定することは出来ないであろう。

贅言を弄すれば、宋朝専制支配の形成とは、民間に既存の組織・慣習などを上から吸い上げて行く過程と見ることも出来るのではないだろうか。北宋四川の交子にしても、民間金融業者が発行する交子が社会的信用を高めてくると、政府がその発行権を吸い上げたし、南宋の会子にしても然りである。王安石の免行銭にしても、その前提として、民間に成立していた既存の「行」を考えないわけには行かないであろう。私は先に「郷原の体例」もそのような方向で捉えてみた。例えば、租課の徴収に、国家が強制する百合斗の官斛を民間は受け付けなかった。官は民間に通用していた「郷原の大斛」を容認せざるを得なかった。専制権力支配とは、上から下へ一方的に強行されたのではなく、同時に下から上へと、両者の関係として考えるべきではないだろうか。専制権力とは、無前提に、アプリオリに存在し得たわけではないだろう。在地郷村社会における共同体的関係の中にあって、民衆の支持を受け、指導力と統率力をもつ長老知識人＝父老層を、政府が放っておくわけはないだろう。文天祥『文山集』巻一〇「跋劉父老季文画像」に、

州有父老員若干。月給廩俸若干。太守歳二月出郊。号為勧農。則召是二三父老者。俾聴勧戒之辞。吾農実無所聞。其代而聞之者。斯人也。田里有疾痛或水旱。則父老以其職。得転聞之長民者。然則其事亦不軽。……而劉得以寿考隷官之籍。且其得禄如在官。晩節有光焉。

とある。父老はその居住する田里に、疾痛・水旱があれば、これを長民——長官であろう——に伝えることを職としていて、「その事、亦た軽からず」。官は長寿の父老に対し「月毎に廩俸を給し」、「官に在る者の如く」待遇したのである。

戦後、唐宋変革期の性格をめぐって、大土地所有形態や佃戸制の在り方が中心的課題として取り上げられてきた。しかし、それによっては、宋以後強大化した専制支配を説明することは出来ない、と言う批判が強まり[21]、専制権力を成立せしめた基盤は何か、が問われるようになった。しかし、その視点は主として、

専制権力構造、或は官僚制等上部構造に重心がおかれ、[22]これを受けとめる郷村側については、検討の余地を残してきたように思われる。本稿は、宋代史料に豊富に残されていて、これまで取り上げられることの少なかった父老に焦点を当ててみた。父老は秦漢から明清時代に至るまで、長期にわたって存在し続けた。その間にあって、以上の如き宋代の父老を歴史的にどのように位置づけることが出来るのであろうか。専制権力との関係においても、前後の時代とどのように変わったのか、変わらなかったのか、残された問題は多い。本稿では、宋代郷村社会における父老の実態、諸側面を確認するに止めざるを得なかった。

註

(1) 島居一康『宋代税政史研究』序論一九頁、汲古書院、一九九三。
(2) 高橋芳郎「宋代浙西デルタ地帯における水利慣行」『北海道大学文学部紀要』二九—一、一九八一。
(3) 伊藤正彦氏の基本的考えを示すものとして、取りあえず「中国史研究の《地域社会論》」『歴史評論』五八二号、一九九八、「明代里老人制への提言——村落自治論・地主権力論をめぐって——」『東アジアにおける社会・文化構造の異化過程に関する研究』(一九九四～一九九五科学研究費一般研究(B)研究成果報告)一九九六を挙げておく。なお、専制国家論として足立啓二『専制国家史論』柏書房、一九九八がある。
(4) 拙稿「宋代郷原体例考」『宋代の規範と習俗』宋代史研究会研究報告第五集、汲古書院、一九九五、本書所収。
(5) 小林義広「宋代の『諭俗文』」『宋代の政治と社会』同右、註(4)第三集、汲古書院、一九八八。
(6) 例えば『鶏肋編』中巻「曾子固作戹台記云。淮陽之南。地名戹台。詢其父老。夫子絶糧之所也」、『嘉禾志』

巻一四、伯牙台「耆老云。伯牙鼓琴于此台」、同「石屋在県南十八里豊山。耆老相伝。以為始皇帝屯兵之所」、『癸辛雑識』別集下「洛陽大旱……父老云。旱魃至。必有火先。即魃也」、『泊宅編』巻八「父老云。往年疾疫起。得黒颪而民安」など、父老に関して、かかる史料は極めて豊富である。

(7) 『宝慶四明志』巻一四奉化県「鮫魚潭」、『重修琴川志』巻一一「社壇記」、『咸淳臨安志』巻七三「広霊廟」などその他。

(8) 「蘇東坡奏議集」巻七「申三省起請開湖六条状」。

(9) 斯波義信「紹興の地域開発　2　紹興府蕭山県湘湖の水利」『宋代江南経済史の研究』東大東洋文化研究所、汲古書院、一九八八。

(10) 金井徳幸「南宋の祠廟と賜額について」『宋代の知識人』宋代史研究会研究報告第四集、汲古書院、一九九三、の中で、金井氏は「賜額と父老」の章を立てられ「賜額を含む宗教的教化策の中では、所謂父老の存在を抜きにしては考えられない」と言われている。なお、祈雨については、中村治兵衛「宋朝の祈雨について」(同氏著『中国シャーマニズムの研究』刀水書房、一九九二所収)参照。

(11) 諭俗文については、註(5)小林論文、勧農文については、宮沢知之「南宋勧農論——農民支配のイデオロギー——」(中国史研究会編『中国史像の再構成』文理閣、一九八三)。

(12) 宮崎市定「胥吏の陪備を中心として」『史林』三〇—一、一九四五(『アジア史研究』第三、一四六頁、『宮崎市定全集』一〇巻、岩波書店所収)。

(13) 義役については、周藤吉之「南宋における義役の設立とその運営——特に義役田について——」『東洋学報』四八—四、一九六六(『宋代史研究』東洋文庫、一九六九所収)。伊藤正彦「義役——南宋期における社会的結合の一形態——」『史林』七五—五、一九九二、寺地遵「義役・社倉・郷約——南宋期台州黄巌県事情素描、続

編」『広島東洋史学報』創刊号、一九九六。

(14) 増淵龍夫「戦国秦漢時代における集団の〈約〉について」『東方学論集』三、一九五五(『中国古代の社会と国家』弘文堂、一九六〇所収、増訂版、岩波書店、一九九六)。

(15) 守屋美都雄「父老」『東洋史研究』一四―一・二、一九五五(『中国古代の家族と国家』東洋史研究会、一九六八所収)。

(16) 堀敏一『中国古代の家と集落』第三章「中国古代の里」一八五頁、汲古書院、一九九六。

(17) 浜島敦俊『明代江南農村社会の研究』東京大学出版会、一九八二、四九六頁他。

(18) 森正夫『明代江南土地制度の研究』同朋舎、一九八八、四九一頁他。

(19) 岸本美緒「清朝とユーラシア」歴史学研究会編『講座世界史2』三八～三九頁(東京大学出版会、一九九五所収)。

(20) 形勢戸については、拙稿「宋代形勢戸の構成」『東洋史研究』二七―三、一九六八、梅原郁「宋代の形勢と官戸」『東方学報』第六〇冊、一九八八参照。

(21) 例えば谷川道雄『中国中世社会と共同体』第一章中国社会と封建制、国書刊行会、一九七六。

(22) 宮沢知之『中国宋代の国家と経済』創文社一九九八は、宋代の経済をすべて国家の視点から論じられている。(『東洋学報』八一―三、一九九九)

あとがき

私は何故か女性史ということばに、何となくこだわりを感じることがある。「あれは女たちが集まって女のことをやっているだけだ」、そんな視線が感じられることもあったし、一方、「女のことは女でしかわからない」と、レッキとした女性研究者の声もきいた。それでは「男たちも男性史をやらせていただきましょう」という男性の声がはねかえってきたのも覚えているし、「だから女性史はやらない」という女性もあらわれてくる。さまざまな問題が山積する中で、研究費にもめぐまれず日のあたらぬところで、ささやかにつづけられてきたといってもいいだろう。

一九七七年夏、東大駒場で第二回婦人研究者問題全国シンポジュウムが開催され、たまたま、在野研究者の分科会に参加していた末次玲子・前山加奈子・佐藤明子氏に私も加わって（私が何の分科会に出ていたか、記憶がはっきりしない）、シンポジュウムのあと、この四人が集まって中国女性史研究会がはじめられた。小野和子『中国女性史―太平天国から現代まで』が出たのがその翌年一九七八年、『アジア歴史研究入門』（3）に、「女性史」の柱がたてられたのは、一九八二年、これも執筆は小野和子氏である。その後の研究会のあゆみを記す場ではないので省略するが、今では、年会誌『中国女性史研究』も一二号を数え、とにもかくにも二〇周年記念論集を出すところまできた。国内・外の交流もさかんである。毎月の研究会に出席して、近代・現代が中心であったが、文学・歴史その他さまざまな分野にわたる研究報告などをきいて、勉強させてもらってきた。そんな中で、私がはじめて書いた女性史に関する論文が、本書に収められている「宋代女子の財産権」である。これはその後、思わぬ国際的論争にまで発展した。最近では、学会シンポジュウムや、学会誌などでも特集をくんで、中心的テーマとして女性史が取上げられるまでになった。隔世の感なきにしもあらずである。これまでの節婦烈女論や三従・七出等の先入・固定観念にとらわれることなく、宋代庶民の女性のありようを求めてきた。

しかし、考えてみれば、本書の起点となっている、仁井田・滋賀論争は、すでに一九五〇年代前半のことであり、今ようにいえば明らかに女性史である。家族史は女性をはずしては成立ち得ないし、「女承分」は、私の宋代史の中でうかび上ってきた問題であって、「郷原体制」や「父老」の研究とも通底する発想に根ざしている。女性史だけが、はなれてひとり歩きしているわけではない。

私が東洋史学科に入ったのは一九五〇年、新中国成立の翌年である。あれから優に五十年を超えた。ろくなしごともせず、忸怩たる思いのみ残るが、満身創痍の身障者の身で、二一世紀まで生きのびられようとは夢にも思わなかった。既に幽明をへだててしまった方々も少なくない。多くの師・先輩・友人の方々おひとりおひとりに心からの感謝をささげたい。

最後に、坂本健彦さんには、勝手なお願いをのみかさね、ひとかたならぬご厄介になった。ご健康を祈念し、心からあつく御礼申し上げる。

二〇〇三年五月二七日記

著者紹介

柳田　節子（やなぎだ　せつこ）

1921年盛岡市に生まれる。

1953年東京大学文学部東洋史学科卒業。1958年同大学院（旧制）終了。同上助手を経て、1964年宇都宮大学教育学部助教授・教授。1976年学習院大学文学部教授、1992年定年退職。1991年財団法人東洋文庫研究員現在に至る。

1986年『宋元郷村制の研究』、1995年『宋元社会経済史研究』共に創文社。1999年『宋史食貨史訳註』㈡「屯田」・同㈢「振恤」東洋文庫。1979年『概説東洋史』（唐から宋へ）（共著）有斐閣。1983年『中国史研究入門』上（共著）山川出版社。1992年『わだつみの世代を生きて』（私家版）。

汲古選書36

宋代庶民の女たち

二〇〇三年五月　発行

著　者　柳田節子

発行者　石坂叡志

印刷所　富士リプロ

発行所　汲古書院

〒102-0072　東京都千代田区飯田橋二－五－四

電　話〇三（三二六五）九七六四

ＦＡＸ〇三（三二二二）一八四五

ISBN4－7629－5036－X　C3322

KYUKO－SHOIN, Co, Ltd. Tokyo

汲古選書

既刊36巻

1
一言語学者の随想
服部四郎著

わが国言語学界の大御所、文化勲章受賞・東京大学名誉教授故服部先生の長年にわたる珠玉の随筆75篇を収録。透徹した知性と鋭い洞察によって、言葉の持つ意味と役割を綴る。

▼494頁／本体4854円

2
ことばと文学
田中謙二著

京都大学名誉教授田中先生の随筆集。

「ここには、わたくしの中国語乃至中国学に関する論考・雑文の類をあつめた。わたくしは〈ことば〉がむしょうに好きである。生き物さながらにうごめき、またピチピチと跳ねっ返り、そして話しかけて来る。それがたまらない。」（序文より）

▼320頁／本体3107円　好評再版

3
魯迅研究の現在
同編集委員会編

魯迅研究の第一人者、丸山昇先生の東京大学ご定年を記念する論文集を二分冊で刊行。執筆者＝北岡正子・丸尾常喜・尾崎文昭・代田智明・杉本雅子・宇野木洋・藤井省三・長堀祐造・芦田肇・白水紀子・近藤竜哉

▼326頁／本体2913円

4
魯迅と同時代人
同編集委員会編

執筆者＝伊藤徳也・佐藤普美子・小島久代・平石淑子・坂井洋史・櫻庭ゆみ子・江上幸子・佐治俊彦・下出鉄男・宮尾正樹

▼260頁／本体2427円

5・6
江馬細香詩集「湘夢遺稿」

入谷仙介監修・門玲子訳注　幕末美濃大垣藩医の娘細香の詩集。頼山陽に師事し、生涯独身を貫き、詩作に励んだ。日本の三大女流詩人の一人。

▼⑤本体2427円／⑥本体3398円　好評再版

7
詩の芸術性とはなにか

袁行霈著・佐竹保子訳　北京大学袁教授の名著「中国古典詩歌芸術研究」の前半部分の訳。体系的な中国詩歌入門書。

▼250頁／本体2427円

8
明清文学論
船津富彦著

一連の詩話群に代表される文学批評の流れは、文人各々の思想・主張の直接の言論場として重要な意味を持つ。全体の概論に加えて李卓吾・王夫之・王漁洋・袁枚・蒲松齢等の詩話論・小説論について各論する。

▼320頁／本体3204円

9
中国近代政治思想史概説

大谷敏夫著　阿片戦争から五四運動まで、中国近代史について、最近の国際情勢と最新の研究成果をもとに概説した近代史入門。1阿片戦争2第二次阿片戦争と太平天国運動　3洋務運動等六章よりなる。付年表・索引

▼324頁／本体3107円

10
中国語文論集　語学・元雑劇篇
太田辰夫著

中国語学界の第一人者である著者の長年にわたる研究成果を全二巻にまとめた。語学篇＝近代白話文学の訓詁学的研究法等、元雑劇篇＝元刊本「看銭奴」考等。

▼450頁／本体4854円

11
中国語文論集 文学篇
太田辰夫著
本巻には文学に関する論考を収める。「紅楼夢」新探／「鏡花縁」考／「児女英雄伝」の作者と史実等。付固有名詞・語彙索引
▼350頁／本体3398円

12
中国文人論
村上哲見著
唐宋時代の韻文文学を中心に考究を重ねてきた著者が、詩・詞という高度に洗練された文学様式を育て上げ、支えてきた中国知識人の、人間類型としての特色を様々な角度から分析、解明。
▼270頁／本体2912円

13
真実と虚構—六朝文学
小尾郊一著
六朝文学における「真実を追求する精神」とはいかなるものであったか。著者積年の研究のなかから、特にこの解明に迫る論考を集めた。
▼350頁／本体3689円

14
朱子語類外任篇訳注
田中謙二著
朱子の地方赴任経験をまとめた語録。当時の施政の参考資料としても貴重な記録である。「朱子語類」の当時の口語を正確かつ平易な訳文にし、綿密な註解を加えた。
▼220頁／本体2233円

15
児戯生涯 一読書人の七十年
伊藤漱平著
元東京大学教授・前二松学舎大学長、また「紅楼夢」研究家としても有名な著者が、五十年近い教師生活のなかで書き綴った読書人の断面を随所にのぞかせながら、他方学問の厳しさを教える滋味あふれる随筆集。
▼380頁／本体3883円

16
中国古代史の視点 私の中国史学(1)
堀　敏一著　中国古代史研究の第一線で活躍されてきた著者が研究の現状と今後の課題について全二冊に分かりやすくまとめた。本書は、1時代区分論　2唐から宋への移行　3中国古代の土地政策と身分制支配　4中国古代の家族と村落の四部構成。
▼380頁／本体3883円

17
律令制と東アジア世界 私の中国史学(2)
堀　敏一著　本書は、1律令制の展開　2東アジア世界と辺境　3文化史四題の三部よりなる。中国で発達した律令制は日本を含む東アジア周辺国に大きな影響を及ぼした。東アジア世界史を一体のものとして考究する視点を提唱する著者年来の主張が展開されている。
▼360頁／本体3689円

18
陶淵明の精神生活
長谷川滋成著
詩に表れた陶淵明の日々の暮らしを10項目に分けて検討し、淵明の実像に迫る。内容＝貧窮・子供・分身・孤独・読書・風景・九日・日暮・人寿・飲酒　日常的な身の回りに詩題を求め、田園詩人として今日のために生きる姿を歌いあげ、遙かな時を越えて読むものを共感させる。
▼300頁／本体3204円

19
岸田吟香—資料から見たその一生
杉浦　正著　幕末から明治にかけて活躍した日本近代の先駆者—ドクトル・ヘボンの和英辞書編纂に協力、わが国最初の新聞を発行、目薬の製造販売を生業としつつ各種の事業の先鞭をつけ、清国に渡り国際交流に大きな足跡を残すなど、謎に満ちた波乱の生涯を資料に基づいて克明にする。
▼440頁／本体4800円

20
グリーンティーとブラックティー
中英貿易史上の中国茶
矢沢利彦著　本書は一八世紀から一九世紀後半にかけて中英貿易で取引された中国茶の物語である。当時の文献を駆使して、産地・樹種・製造法・茶の種類や運搬経路まで知られざる英国茶史の原点をあますところなく分かりやすく説明する。
▼260頁／本体3200円

21
中国茶文化と日本
布目潮渢著
近年西安西郊の法門寺地下宮殿より唐代末期の大量の美術品・茶器が出土した。文献では知られていたが唐代の皇帝が茶を愛玩していたことが証明された。長い伝統をもつ茶文化−茶器について解説し、日本への伝来と影響についても豊富な図版をもって説明する。カラー口絵4葉付
▼300頁／本体3800円

22
中国史書論攷
澤谷昭次著
先年急逝された元山口大学教授澤谷先生の遺稿約三〇篇を刊行。東大東洋文化研究所に勤務していた時「同研究所漢籍分類目録」編纂に従事した関係から漢籍書誌学に独自の境地を拓いた。また司馬遷「史記」の研究や現代中国の分析にも一家言を持つ。
▼520頁／本体5800円

23
中国史から世界史へ　谷川道雄論
奥崎裕司著　戦後日本の中国史論争は不充分なままに終息した。それは何故か。谷川氏への共感をもとに新たな世界史像を目ざす。
▼210頁／本体2500円

24
華僑・華人史研究の現在
飯島　渉編　「現状」「視座」「展望」について15人の専家が執筆する。従来の研究を整理し、今後の研究課題を展望することにより、日本の「華僑学」の構築を企図した。
▼350頁／本体2000円

25
近代中国の人物群像
──パーソナリティー研究──
波多野善大著　激動の中国近現代史を著者独自の歴代人物の実態に迫る研究方法で重要人物の内側から分析する。
▼536頁／本体5800円

26
古代中国と皇帝祭祀
金子修一著
中国歴代皇帝の祭礼を整理・分析することにより、皇帝支配による国家制度の実態に迫る。
▼340頁／本体3800円　好評再版

27
中国歴史小説研究
小松　謙著
元代以降高度な発達を遂げた小説そのものを分析しつつ、それを取り巻く環境の変化をたどり、形成過程を解明し、白話文学の体系を描き出す。
▼300頁／本体3300円

28
中国のユートピアと「均の理念」
山田勝芳著　中国学全般にわたってその特質を明らかにするキーワード、「均の理念」「太平」「ユートピア」に関わる諸問題を通時的に叙述。
▼260頁／本体3000円

29 陸賈『新語』の研究　福井重雅著
秦末漢初の学者、陸賈が著したとされる『新語』の真偽問題に焦点を当て、緻密な考証のもとに真実を追究する一書。付節では班彪『後伝』・蔡邕『独断』・漢代対策文書について述べる。
▼270頁／本体3000円

30 中国革命と日本・アジア
寺廣映雄著　前著『中国革命の史的展開』に続く第二論文集。全体は三部構成で、辛亥革命と孫文、西安事変と朝鮮独立運動、近代日本とアジアについて、著者独自の視点で分かりやすく俯瞰する。
▼250頁／本体3000円

31 老子の人と思想　楠山春樹著
『史記』老子伝をはじめとして、郭店本『老子』を比較検討しつつ、人間老子と書物『老子』を総括する。
▼200頁／本体2500円

32 中国砲艦『中山艦』の生涯
横山宏章著　長崎で誕生した中山艦の数奇な運命が、中国の激しく動いた歴史そのものを映し出す。
▼260頁／本体3000円

33 中国のアルバ—系譜の詩学
川合康三著　「作品を系譜のなかに置いてみると、よりよく理解できるように思われます」（あとがきより）。壮大な文学空間をいかに把握するかに挑む著者の意欲作六篇。
▼250頁／本体3000円

34 明治の碩学　三浦　叶著
著者が直接・間接に取材した明治文人の人となり、作品等についての聞き書きをまとめた一冊。今日では得難い明治詩話の数々である。
▼380頁／本体4300円

35 明代長城の群像　川越泰博著
明代の万里の長城は、中国とモンゴルを隔てる分水嶺であると同時に、内と外とを繋ぐアリーナ（舞台）でもあった。そこを往来する人々を描くことによって異民族・異文化の諸相を解明しようとする。
▼240頁／本体3000円

36 宋代庶民の女たち　柳田節子著
「宋代女子の財産権」からスタートした著者の女性史研究をたどり、その視点をあらためて問う。女性史研究の草分けによる記念碑的論集。
▼240頁／本体3000円

〈汲古叢書既刊〉

25	宋元仏教文化史研究	竺沙雅章著	15000円
28	宋代の皇帝権力と士大夫政治	王　瑞来著	12000円
32	中国近代江南の地主制研究	夏井春喜著	20000円
39	唐末五代変革期の政治と経済	堀　敏一著	12000円
42	宋代中国の法制と社会	高橋芳郎著	8000円
43	中華民国期農村土地行政史の研究	笹川裕史著	8000円